Architecture bulletin 05
Symposium architecture 2.0
/ the destiny of architecture

Preface ... 2

Essay 1
Ole Bouman ... 4

Essay 2
Ivo Opstelten ... 10

Essay 3
Francine Houben ... 16

Intermezzo
Ronald Rietveld ... 36

Essay 4
Wiel Arets ... 40

Intermezzo
Jochem Heijmans ... 54

Essay 5
Ben van Berkel ... 58

Intermezzo
Marten de Jong ... 72

Essay 6
Willem Jan Neutelings ... 76

Intermezzo
Sander Lap ... 94

Essay 7
Winy Maas ... 98

Essay 8
Mels Crouwel ... 114

Architectuurbulletin 05
Symposium architectuur 2.0
/ de toekomst van architectuur

Voorwoord ... 3

Essay 1
Ole Bouman ... 5

Essay 2
Ivo Opstelten ... 11

Essay 3
Francine Houben ... 17

Intermezzo
Ronald Rietveld ... 37

Essay 4
Wiel Arets ... 41

Intermezzo
Jochem Heijmans ... 55

Essay 5
Ben van Berkel ... 59

Intermezzo
Marten de Jong ... 73

Essay 6
Willem Jan Neutelings ... 77

Intermezzo
Sander Lap ... 95

Essay 7
Winy Maas ... 99

Essay 8
Mels Crouwel ... 115

Symposium architecture 2.0
the destiny of architecture
Preface

The editorial team who worked on this bulletin have long wondered whether they should publish the results of the *Architecture 2.0, The Destiny of Architecture* symposium, which took place in Rotterdam concert theatre De Doelen on 9 November 2007. Most speakers that day spoke off the cuff, aided by visual material. The magic produced by the rapid salvo of visions and summaries that were exchanged before a huge audience could never ordinarily be resurrected on paper. And the fact that the audience was possibly more diverse than ever before at such an architecture conference created major editorial dilemmas. How do you process all that language into a relevant document that captures the essence of the gathering?

Eventually a choice was made for a form that could predominantly be seen as a series of portraits of diverse design practices. We are pleased to be able to offer this self-contained publication to the readers of the NAI Bulletin. Together they create an impression of the home-grown talent that is currently causing such an international furore. Individually, they constitute a demonstration of enormous diversity in style, rhetoric and character. For anyone who attended the symposium, this publication offers nothing other than a wonderful overview of topics that are already known to them. For everyone else, it is precisely these portraits that will enthral. Even though the speakers are all from the same country, they each represent a different design universe. Based on this editorial logic, it was decided not to include Rem Koolhaas' and Elco Brinkman's contributions. Koolhaas' account was not a portrait of a design practice, but discussed the phenomenon of creative coalitions; more will follow on that subject in future bulletins. Brinkman made an urgent appeal to demonstrate more administrative vigour so as to offer the available talent more opportunities. The portraits included in this issue show that this will fall on fertile soil.

We would like to take this opportunity to thank everyone who contributed to the creation of *Architecture 2.0*, especially Victor Veldhuijzen van Zanten who, as initiator and organiser, deserves an extra special mention. The NAI is, however, responsible for this publication.

Ole Bouman

Symposium architectuur 2.0
de toekomst van architectuur
Voorwoord

Lang heeft de redactie van dit bulletin zich afgevraagd of we de resultaten van de grootse architectuurdag in de Rotterdamse Doelen, het symposium *Architectuur 2.0, The Destiny of Architecture* dat plaatsvond op 9 november 2007, zouden moeten publiceren. De meeste sprekers spraken die dag voor de vuist weg, met gebruikmaking van veel ondersteunend beeldmateriaal. De magie, opgeleverd door het snelle staccato van de diverse visies en vakopvattingen die ten overstaan van een duizendkoppig publiek werden afgewisseld, zou op papier nooit meer tot leven kunnen worden gebracht. En de gedachte aan misschien wel het meest diverse publiek dat ooit voor een architectuurconferentie bijeengebracht is, riep grote redactionele dilemma's op. Op welke manier verwerk je al die spreektaal tot een relevant document waarin de hoofdzaak van de bijeenkomst wordt vastgelegd?

Uiteindelijk is gekozen voor een vorm die vooral gezien kan worden als een reeks portretten van diverse ontwerppraktijken. Het is daarmee een op zichzelf staande publicatie die we de lezers van het NAi Bulletin graag aanbieden. Tezamen vormen ze een beeld van het talent waarmee Nederland op dit moment internationaal furore maakt. Afzonderlijk zijn ze vooral te lezen als een demonstratie van een enorme diversiteit in stijl, retoriek en karakter. Voor wie bij het symposium aanwezig was zal deze publicatie een prachtig overzicht bieden. Voor alle andere lezers zijn het juist deze portretten die zullen boeien. De sprekers komen allen uit één land, maar ze vertegenwoordigen ieder voor zich een ander ontwerpuniversum. Vanuit deze redactionele logica is besloten de voordrachten van Rem Koolhaas en Elco Brinkman niet op te nemen. Koolhaas' verhaal was geen portret van een ontwerppraktijk, maar ging in op het fenomeen van creatieve coalities. Daarover in toekomstige bulletins meer. Brinkman deed een vlammende oproep om bestuurlijk meer daadkracht te tonen om aldus het beschikbare talent meer kansen te bieden. De portretten die in dit nummer zijn opgenomen tonen aan dat dit op vruchtbare bodem zal landen.

Graag maken we van de gelegenheid gebruik iedereen, die aan de totstandkoming van *Architectuur 2.0* heeft bijgedragen, te bedanken. In het bijzonder Victor Veldhuijzen van Zanten die als initiatiefnemer en organisator van de conferentie speciale vermelding verdient. Voor deze publicatie is echter het NAi verantwoordelijk.

Ole Bouman

Ole Bouman

Essay 01

Ole Bouman (1960) has been the director of the Netherlands Architecture Institute in Rotterdam since April 2007. As moderator of the symposium, he opened the day with an introduction of the theme: *Architecture 2.0, The Destiny of Architecture*. Almost a year later, he is looking back. – www.nai.nl

As the chairman of a symposium like *Architecture 2.0, The Destiny of Architecture*, instead of this being just a chance get-together, you want there to be a sound reason for a gathering. In my opinion, you can only do that by using a basic text for the invitation that inspires the speakers. I think the following text might fit the bill.

*

The Destiny of Architecture

It doesn't often happen that you get that much knowledge, talent and ambition together to discuss the future of architecture. The day is Friday, 9 November 2007 and Wiel Arets, Ben van Berkel, Francine Houben, Rem Koolhaas, Winy Maas and Willem Jan Neutelings, along with some young designers, are discussing the future as something that is inevitable, a consequence of today's developments or, alternatively, as something with potential, an opportunity to be seized now.

On the face of it, this disparity between analysis and manifesto seems more a question of character. After all, you can construe tomorrow's task as a force not to be resisted, as a question to which architecture has no choice but to respond. And you can keep on about the freedom architecture has to do more than just come up with answers. Often, the positions taken up lie somewhere between these two extremes.

But on 9 November, we are dealing with more than just the perpetual difference between realism and ideals. A context is defined that demands not so much a particular stance as rather good ideas. Let me take you through that context in three steps:

1. Rotterdam

We're talking in Rotterdam, the city proclaimed 'City of Architecture' in 2007. But 2007 is not the only year marked out by architecture. The City Foresight Paper published by Rotterdam this year, containing a perspective on Rotterdam covering at least the next decade, explicitly brings architecture to the fore as a spearhead. The city was good for architecture and hopes to go on being good for it in the years to come. But are the conditions

Ole Bouman

Essay 01

Ole Bouman (1960) is sinds april 2007 directeur van het Nederlands Architectuurinstituut in Rotterdam. Als moderator van het symposium opende hij de dag met een introductie van het thema: *Architecture 2.0, The Destiny of Architecture*. Bijna een jaar na dato blikt hij terug. – www.nai.nl

Als voorzitter van een symposium als *Architectuur 2.0, The Destiny of Architecture*, wil je graag dat er van een toevallige aanleiding om bij elkaar te komen een fatsoenlijke oorzaak wordt gemaakt. Naar mijn idee kan dat alleen door bij de uitnodiging gebruik te maken van een basistekst waar de sprekers door geïnspireerd zullen raken. Ik dacht er met de volgende tekst zo één te hebben geschreven.

*

The Destiny of Architecture

Het komt niet vaak voor dat je zoveel kennis, talent en ambitie bij elkaar krijgt voor het bespreken van de toekomst van de architectuur. Op vrijdag 9 november 2007 is het echter zover. Wiel Arets, Ben van Berkel, Francine Houben, Rem Koolhaas, Winy Maas en Willem Jan Neutelings zullen zich naast enkele jongere ontwerpers uitspreken over die toekomst, als iets dat onvermijdelijk is, als consequentie van hedendaagse ontwikkelingen; of juist als iets dat mogelijk is, als kans die nu gegrepen moet worden.

Op het eerste gezicht lijkt dit onderscheid tussen analyse en manifest, een kwestie van karakter. Je kunt nu eenmaal de opgave van morgen als een niet tegen te spreken macht opvatten, als een vraag waar de architectuur nu eenmaal op moet reageren. En je kunt ook altijd blijven hameren op de speelruimte van het vak architectuur zelf om meer te doen dan alleen maar antwoorden geven. Vaak zijn de posities die ingenomen worden ongeveer tussen deze twee uitersten te vinden.

Maar op 9 november hebben we met meer te maken dan met het eeuwige onderscheid tussen realisme en idealen. Er is een context aan de orde die niet zozeer om een bepaalde houding vraagt, maar vooral om goede ideeën. Laat ik die context in drie stappen doornemen:

1. Rotterdam

We spreken elkaar in Rotterdam. De stad heeft 2007 uitgeroepen tot architectuurjaar: Rotterdam City of Architecture. En niet alleen 2007 staat in het teken van de architectuur. In de Stadsvisie die Rotterdam

in place? Does highlighting special projects as icons or landmarks suffice? Is building exceptional buildings the same as neatly organising space? And does the city offer enough inspiration for new and spectacular designs? Besides being a City *of* Architecture can Rotterdam become a City *for* Architecture again?

2. Generation

We talk to six architects for whom success no longer holds any secrets. Besides being intimately linked with Rotterdam, the keynote speakers have all achieved international success. The six of them span a generation in the Netherlands, a generation that has perhaps gained more recognition, has a larger book of commissions and greater acclaim that any previous generation and, as things stand, for long after them too. You could say that thanks to their successes they hold the key to the power of architecture that they were able to harness at the right moments. But what is that power exactly?

3. Architecture 2.0

Gradually, it has become an established fact that architects no longer occupy the same position in the construction process as they used to. All kinds of forces – stronger even than any talent or genius – impact the architect's work: finance models, ownership structures, globalisation, new media, juridification, specialisation, you name it. The pace is fast with no end in sight. But however affected the architect is by these conditions, the position of architecture as a key medium of our culture still remains intact. Rotterdam is there to prove it. While the city may not always be

Mels Crouwel, Ole Bouman
Bas Czerwinski

Ole Bouman
Architectuurbulletin 05

dit jaar heeft gepubliceerd, met daarin een perspectief op Rotterdam voor tenminste het komende decennium, wordt de architectuur expliciet als speerpunt naar voren gebracht. De stad was goed voor architectuur, en hoopt dat dus de komende jaren wederom te zijn. Maar zijn daarvoor wel de voorwaarden aanwezig? Is het genoeg om bijzondere projecten uit te lichten, als icoon, als landmark? Is het bouwen van bijzondere gebouwen hetzelfde als het goed organiseren van de ruimte? En biedt de stad wel genoeg inspiratie voor nieuwe grootse ontwerpen? Kan Rotterdam naast een City of Architecture wederom een City for Architecture zijn?

2. Generatie

We spreken met zes architecten voor wie succes geen geheim meer is. Behalve dat de hoofdsprekers een innige band hebben met Rotterdam, zijn ze ook allen internationaal uiterst succesvol. Ze overspannen met zijn zessen een generatie in Nederland, die misschien meer erkenning, een grotere opdrachtenportefeuille en meer bekendheid heeft gekregen dan ooit enige generatie ervoor en voorlopig ook zeker erna. Je zou kunnen zeggen dat zij vanwege dit succes een sleutel in handen hebben tot het vermogen van de architectuur dat zij op de juiste momenten hebben weten aan te spreken. Maar welk vermogen is dat eigenlijk?

3. Architectuur 2.0

Het is zo langzamerhand een vaststaand gegeven dat de architect niet meer dezelfde positie heeft in het bouwproces als voorheen. Diverse krachten, veel sterker dan welk talent of genie ook, werken in op het werk van de architect. Financieringsmodellen, eigendomsverhoudingen, globalisering, nieuwe media, juridisering, specialisatie, noem maar op. Het gaat hard en het houdt niet op. Maar hoezeer ook de architect te maken heeft met deze voorwaarden, het laat de positie van de architectuur als belangrijk medium van onze cultuur intact. Rotterdam bewijst het. De stad gaat misschien niet altijd even voorkomend met architecten om, maar de architectuur in het algemeen staat zoals gezegd op een voetstuk. En ook deze generatie bewijst dat je succes kan hebben; niet alleen met literatuur, film of muziek als cultuurmedium, maar ook met architectuur. Vragen zijn dus: Is het lot van de architect nog ondubbelzinnig verbonden met het lot van de architectuur? Is architectuur 2.0 wel het werk van architecten?

Men neme dus een stad die er weer in gelooft (maar die niet zonder andere steden kan), een groep sprekers die altijd al niet anders heeft gedaan (maar nu wordt uitgedaagd door diverse aanstormende talenten) en we stellen de vraag: wat is The Destiny of Architecture?

*

Enkele woorden achteraf

Het symposium is inmiddels alweer ver achter ons, maar de herinnering is uitermate vers. Wat heb je als voorzitter liever: Een spreker die zich aan de agenda weinig gelegen laat liggen, maar een lezing geeft waar het publiek blij mee is? Of een spreker die zich wel in hoge mate op het thema richt, maar dan wel in zeer kritische bewoordingen,

considerate towards architects, architecture as a whole is, as we have said, placed on a pedestal. And this generation has also shown that you can be successful, and not only in cultural media such as literature, film or music but also in architecture. So these are the questions raised: is architecture's destiny still unequivocally intertwined with that of the architect? Is architecture 2.0 indeed the work of architects?

Take one city that believes in it again (but that can't manage without other cities), a group of speakers who have never done anything else (but that is now being challenged by new talents bursting onto the scene) and you have the question: what is *The Destiny of Architecture*?

*

A few words in retrospect

The symposium is long over and done with though the memory is very fresh. Now what would you prefer as a chairman, a speaker who doesn't care two figs about the agenda and instead delivers a paper that pleases the audience? Or a speaker who keeps closely to the subject but couched in very critical terms, that when it comes down to it, pleases the audience even more? I remember that day as a combination of both. Does it matter? I remember the whole day as a journey past extremes: from annotated travels past my own life story to analyses of the state of the world. From explorations into all manner of peripheral areas of architecture to calls to reinstate the profession. And then on to a frontal attack by Willem Jan Neutelings on the subject of the conference: a new era of architecture.

According to Neutelings, we are by no means ready for putting what we have learned in the past 5,000 years into practice.

It's very tempting to start up the discussion again. But let's keep that for the new edition of *The Destiny of Architecture*. We hope that the readers of the bulletin will be there to take part.

Ole Bouman
Architectuurbulletin 05

en waar het publiek uiteindelijk nog veel
blijer van wordt? Ik herinner me deze dag als
een combinatie van beide. Maakt het iets uit?
Ik herinner me de hele dag als een reis langs
uitersten: Van beredeneerde reizen langs
het eigen cv, tot analyses van de toestand
in de wereld. Van verkenningen naar alle
mogelijke randgebieden van de architectuur,
naar oproepen het vak in ere te herstellen.
En verder een frontale aanval van Willem
Jan Neutelings op het congresthema: een
nieuw tijdperk voor de architectuur. Volgens
Neutelings zijn we immers nog lang niet klaar
met het in de praktijk brengen van wat we de
afgelopen 5000 jaar hebben geleerd.

De verleiding is groot nu alweer in discussie
te gaan. Maar laten we dat bewaren voor
een volgende aflevering van *The Destiny of
Architecture*. We hopen dat de lezers van het
bulletin daar bij aanwezig zullen zijn.

Ivo Opstelten

Essay 02

Ivo Opstelten (1944) is the mayor of Rotterdam and, in 2007, 'his' city was dominated by *The Year of Architecture*. With this as his point of departure, Opstelten gave an introduction about the current and future role of architecture in Rotterdam.

In Rotterdam, 2007 was declared *The Year of Architecture*. The theme of this symposium, *The Destiny of Architecture*, is inextricably linked to the city of Rotterdam. We are surrounded today by a wealth of creativity, knowledge and experience. Several speakers are leading architects with agencies in the city including Rem Koolhaas, Winy Maas and Willem Jan Neutelings. Others are represented in the city because of the buildings they designed here: Wiel Arets, Ben van Berkel and Francine Houben.

The incontestable qualities of Rotterdam have been brought under the spotlight this year: a century of modern architecture and a unique architectural climate. Not only by experts in projects such as *Reviewing Rotterdam,* in which three foreign architecture critics put the city under the microscope, but more particularly by a wide audience due to today's symposium. Sometimes, the spotlight falls in a unique way, such as the *Aangelichte Brandgrens* (Illuminated Fire Zone), where the impact and scale of that devastating bombardment[1] were portrayed in spectacular fashion with floodlights that marked the affected area, which, in the years between the reconstruction and the present day, has been transformed into the modern, pulsating heart of Rotterdam.

Today, you are looking towards the future and focusing on *The Destiny of Architecture*. We are looking ahead, based on past experiences and the challenges that face us today and beyond. To a large extent, *The Destiny of Architecture* is also *The Destiny of Rotterdam* and vice versa. There are opportunities that Rotterdam can and must take if we are to be successful. This applies not only to Rotterdam, but to other cities as well. One aspect that I feel is crucial for the future of architecture in Rotterdam is the relationship between architecture and city marketing.

Unique buildings and large-scale projects are of the utmost importance for a city's popularity around the world. Look at the fantastic *CCTV* building in Beijing or the remarkable *Palm Islands* in Dubai. But closer to home, here in the city on the Maas, the *Erasmus bridge* has quickly grown into an iconic feature, which is avidly used by advertising agencies. The '*Kop van Zuid*' is also drawing significant attention, publicity and positive marketing to Rotterdam. Cities with modern and high-quality

1. Met de *Aangelichte Brandgrens*
werd op 14 mei 2007 het
bombardement in de Tweede
Wereldoorlog op Rotterdam van
14 mei 1940 herdacht. (Red.)

Ivo Opstelten

Essay 02

Ivo Opstelten (1944) is burgemeester van de gemeente Rotterdam
en 'zijn' stad stond in 2007 in het teken van *Het jaar van de architectuur*.
Met dit als uitgangspunt gaf hij een introductie over de huidige
én toekomstige rol van architectuur in Rotterdam.

Het jaar 2007 is in Rotterdam uitgeroepen tot *Het jaar van de architectuur*. Het thema van dit symposium, *The destiny of architecture*, is onlosmakelijk met de stad Rotterdam verbonden. Er is hier vandaag creativiteit, kennis en een schat aan ervaring aanwezig. Enkele sprekers zijn toparchitecten, met een bureau in Rotterdam, zoals Rem Koolhaas, Winy Maas en Willem Jan Neutelings. Anderen zijn in de stad aanwezig met gebouwen van hun hand: Wiel Arets, Ben van Berkel en Francine Houben.

De ijzersterkte kwaliteiten van Rotterdam zijn dit jaar onder de aandacht gebracht: honderd jaar vernieuwende architectuur en een uitzonderlijk architectuurklimaat. Onder de aandacht van vakmensen, bijvoorbeeld met het project *Reviewing Rotterdam*, waarbij drie buitenlandse architectuurcritici de stad kritisch onder de loep hebben genomen, maar vooral ook onder de aandacht van een breed publiek met het symposium van vandaag. Soms op een heel bijzondere wijze, zoals met de *Aangelichte Brandgrens*, waarmee op spectaculaire wijze de impact en de omvang van dat verwoestende bombardement in beeld is gebracht.[1]

Schijnwerpers markeerden het getroffen gebied dat in de jaren vanaf de wederopbouw tot nu is getransformeerd tot het moderne, kloppende hart van Rotterdam.

Vandaag richt u de blik op de toekomst en staat *The Destiny of Architecture* centraal. De blik vooruit, gebaseerd op de ervaringen uit het verleden en vooral de uitdagingen van heden en de toekomst. *The Destiny of Architecture* is meteen ook voor een belangrijk deel *The Destiny of Rotterdam* en vice versa. Er liggen kansen die Rotterdam kan en moet benutten als we het met elkaar goed aanpakken. Dit geldt niet alleen voor Rotterdam, maar ook voor andere steden. Een aspect dat in mijn ogen veel te maken heeft met de toekomst van de architectuur in Rotterdam is de relatie tussen architectuur en city marketing. Bijzondere gebouwen en grote projecten zijn wereldwijd van invloed op de bekendheid van steden. Ik noem het prachtige *CCTV* gebouw in Beijing of het opvallende *Palm Islands* in Dubai. Maar ook heel dicht bij huis, hier in de Maasstad: De *Erasmusbrug* is in korte tijd uitgegroeid tot een beeldend icoon voor de stad, waar reclamemakers graag

architecture exude ambition. Modern architecture is associated with an open attitude to change.

Rotterdam is also a city undergoing continual modernisation and change; buildings from different periods are represented within a few square kilometres. Innovative architecture is inherent to Rotterdam. The city centre in particular was and is a representation of Rotterdam's ambitions, with such buildings as the *Groothandelsgebouw* by Maaskant, the *Kunsthal* by Koolhaas, the *Brug* office building by JHK Architecten and the *Shipping and Transport College* by Neutelings Riedijk Architecten.

It is impossible as a city to always score perfect tens, even if you want to. It is important to know your own strengths and to conserve them. This also applies to the strength of architecture in Rotterdam, which we have to nourish and expand. I would like to make a couple of suggestions.

Rotterdam is internationally renowned as a harbour city. This is an image that we nourish. Harbour cities have something special: things are *possible* there, things *happen* there. Of course, Rotterdam is not the only harbour city in the world nor is it the only city with distinctive architecture, but the uniqueness of Rotterdam will become stronger when an unexpected combination of the harbour and architecture is realised. Several examples in the harbour area include *Folly Dock*, the *Future of the Harbour* project, the yet-to-be-built radar post on Maasvlakte 2 or another 'first' building that will be visible to ships on the North Sea. This must be a new landmark for the city and the harbour. Such a unique build-

ing in the harbour will provide Rotterdam with a combination of two assets and will focus substantial attention on the city.

Another important and topical combination is climate and sustainability. The need to seriously reduce CO_2 emissions is inescapable. Rotterdam would like to see CO_2 emissions reduced by 50% by 2025 compared with the level in 1990. This ambitious aim has been set by the *Rotterdam Climate Initiative* and means investing in smart, energy-saving lighting in public spaces, and in sustainable energy services such as hydrogen, bio-ethanol, wind energy and solar energy. However, sustainable buildings also provide a significant contribution to the reduction of CO_2 emissions. Project developers OVG and Dura Vermeer, for example, have paid considerable attention to the development of such buildings. The *Litehouse* pavilion, designed by DoepelJoubertStrijkers, which will be built next to the steamship the *S.S. Rotterdam*, which arrived in 2008, will comprise a substantial number of sustainable elements. And the BNA ideas competition for the design of a new mayor's house in Rotterdam – for my successor – includes sustainability in the programme of requirements. It is important that we see sustainability as an opportunity rather than a limitation to the creative possibilities of a design.

A third suggestion to set Rotterdam apart through architecture in the future is to provide space for small-scale, modern architecture. It's not all about creating tour-de-forces, big statements and big landmarks. Huge, iconic buildings do not always need to be the

gebruik van maken. En ook de *Kop van Zuid* levert Rotterdam veel aandacht, publiciteit en positieve marketing op. Steden met moderne en kwalitatief hoogwaardige architectuur stralen ambitie uit. Vernieuwende architectuur wordt geassocieerd met een open houding ten opzichte van verandering. Ook Rotterdam is een stad van continue vernieuwing en veranderingen; Binnen een paar vierkante kilometer vertegenwoordigen gebouwen diverse periodes. Innovatieve architectuur hoort bij Rotterdam. Vooral in de binnenstad liet en laat Rotterdam haar ambities zien met onder andere het *Groothandelsgebouw* van Maaskant, de *Kunsthal* van Koolhaas, het kantoorgebouw de *Brug* van JHK Architecten en het *Scheepvaart- en Transportcollege* van Neutelings Riedijk Architecten.

Als stad kun je niet op alle punten een tien scoren. Je wilt dat wel, maar het kan niet. Van belang is je eigen kracht te kennen én te behouden. Dat geldt ook voor de kracht van de architectuur in Rotterdam, die moeten we koesteren en verbreden . Ik zal een paar suggesties doen.
Rotterdam staat internationaal bekend als wereldhavenstad. Dat imago koesteren we. Havensteden hebben iets bijzonders: Daar *kunnen* dingen, daar *gebeuren* dingen. Er zijn natuurlijk meer havensteden op de wereld en er zijn ook meer steden met bijzondere architectuur. Maar de uniciteit van Rotterdam wordt sterker op het moment dat er een verrassende combinatie wordt gemaakt van de haven en architectuur. Enkele voorbeelden daarvan in het havengebied zijn: *Folly Dock*, het project *Toekomst van de Haven*, de nog te bouwen radarpost op Maasvlakte 2 of

objective. The task of architecture is also to
provide a contribution to social cohesion and
consistency. The people of Rotterdam are
proud of good-quality housing and the environment in which they live. The discussion
surrounding architecture and what should be
built in the city needs to be part of a wider
social debate.
Innovation and experimentation need to
be supplemented with an eye for talent.
Alongside the prestigious *Maaskant Award*, we
are lucky to also have the *Maaskant Award for
Young Architects*, which has shown that Rotterdam is bursting with talent, which must be
engaged more often in the development of a
vision concerning the future of the city.

Buildings may be icons, but many Rotterdam-
based architects are icons too. And the city
is very proud of them. They are a source of
creativity for the city. This also applies to
institutions such as the Netherlands Architecture Institute, the Berlage Institute, the
Academy of Architecture and the Rotterdam
Architecture Institute. Architects have a role
to play in the city. This has been their job in
the past, it is their job now and it will remain
their job in the future.

Ivo Opstelten
Architectuur bulletin 05

een ander 'eerste' gebouw dat door schepen vanaf de Noordzee wordt gezien. Dit moet een nieuw landmark zijn voor de stad en de haven. Met een bijzonder gebouw in de wereldhavenstad Rotterdam worden twee *assets* gecombineerd en wordt veel aandacht op de stad gevestigd.

Een andere belangrijke en actuele combinatie is klimaat en duurzaamheid. Onvermijdelijk is de noodzaak om zeer serieus te werken aan het terugdringen van broeikasgassen. Rotterdam wil de CO_2 uitstoot in 2025 met 50 procent hebben teruggebracht, vergeleken met het niveau van 1990. Dat is een ambitieuze doelstelling van het *Rotterdam Climate Initiative*. Het betekent investeren in slimme energiezuinige verlichting in de openbare ruimte, en in duurzame energievoorzieningen zoals waterstof, bio-ethanol, wind- en zonne-energie. Maar ook duurzaam bouwen levert een zeer belangrijke bijdrage aan de vermindering van CO_2 uitstoot. De projectontwikkelaars OVG en Dura Vermeer besteden bijvoorbeeld nadrukkelijk aandacht aan het ontwikkelen van duurzame gebouwen. Ook het binnenkort te bouwen paviljoen *Litehouse*, een ontwerp van het bureau DoepelJoubertStrijkers, nabij het stoomschip de *S.S. Rotterdam* dat in 2008 arriveert, heeft vele duurzame elementen in zich. En in de BNA ideeënprijsvraag voor het ontwerp van een nieuwe burgemeesterswoning in Rotterdam, voor mijn opvolger, is duurzaamheid meegenomen in het programma van eisen. Het is belangrijk dat we duurzaamheid zien als een kans en niet als een inperking van de creatieve mogelijkheden voor een ontwerp.

Een derde suggestie om Rotterdam ook in de toekomst via de architectuur te profileren, is het bieden van ruimte aan kleinschalige, vernieuwende architectuur. Het gaat immers niet alleen om de hoogstandjes, de grote statements en de grote landmarks. Opvallen met een groot icoon hoeft niet altijd het doel te zijn. De taak van architectuur ligt ook in het leveren van een bijdrage aan sociale cohesie en coherentie. Woningen en een woonomgeving met goede kwaliteiten maken Rotterdammers trots. De discussie over architectuur en wat er in een stad hoort plaats te vinden, moet deel uit maken van het maatschappelijk debat.

Bij innovatie en experimenten hoort ook oog voor talent. Naast de prestigieuze *Maaskantprijs* hebben we gelukkig ook de *Maaskantprijs voor Jonge Architecten*. Daaruit blijkt dat Rotterdam barst van het talent. Dat talent moeten we nog vaker betrekken bij het ontwikkelen van een visie over de toekomst van de stad.

Gebouwen kunnen iconen zijn, maar veel architecten die in Rotterdam een kantoor hebben, zijn dat ook. Rotterdam is bijzonder trots op de Rotterdamse architecten. Ze zijn een bron van creativiteit voor de stad. Dat geldt ook voor instellingen als het Nederlands Architectuurinstituut, het Berlage Instituut, de Academie van Bouwkunst en Architectuur Instituut Rotterdam. Architecten moeten een rol in de stad pakken, dát is de taak van architecten, vroeger, nu en in de toekomst.

Francine Houben

Essay 03

Francine Houben (1955) is founding architect and director of Mecanoo architecten. She has become increasingly aware of the influence of her Dutch background and during the symposium described her Dutch working methodology for projects around the world. – www.mecanoo.nl

✢

No future without a past

For me, *The Destiny of Architecture* means knowing where you want to go as an architect, so it is essential to know from where you come. This is partly a personal story, partly a Mecanoo one. No future without a past, no perspective without a knowledge of tradition. An architect from Spain or Taiwan views our profession and *The Destiny of Architecture* differently, of course. I come from Holland, a country of rivers and clay, and I am partly shaped by that. A landscape of rivers can influence and change you endlessly. That goes as much for a landscape in Spain or Taiwan as in Holland. And yet a building that emerges from a typical Dutch environment - like the library of the Delft University of Technology - is making a very different statement than a similar building in Taiwan or Spain. The Dutch clay is formed into bricks in several colours, sizes and structures, which are used to build splendid walls, like the 143 metres long wall of the Dutch Open Air Museum in Arnhem. These are walls that would not be logical as such in Spain or Taiwan.

Everyone is familiar with the famous paintings from the 17th century depicting the Dutch panoramas of flat land and cloudy skies. I see buildings in this flat landscape as mountains: Dutch Mountains. The city of Rotterdam with its high buildings is for me the Himalayas of the Dutch Mountains with *Montevideo* as Mount Everest.

I was born in the 1950s, the optimistic period of post-war reconstruction, in Limburg, the most southern part of the Netherlands with its romantic rolling hills and solitary trees. From there I moved to other cities, other landscapes. I lived in twelve houses and a hotel before going to live in Rotterdam in 1991. Because of the many moves I became trained in observation. I learned to be able to react to constantly changing situations and to adapt. Rotterdam became my city of choice. It is the city that inspires me, with the River Maas and the Kralingse Plas. In my house with its view across the water I observe how city and landscape relate. Rotterdam rightly bears the name *City of Architecture*, not because everything is good and beautiful, but mainly because

Francine Houben

Essay 03

Francine Houben (1955) is architect/directeur/oprichter van Mecanoo architecten. Meer en meer realiseert ze zich de invloed van haar Nederlandse achtergrond en tijdens het symposium gaf ze 'met de voeten in de klei' een beschrijving van haar 'Hollandse' werkwijze bij projecten wereldwijd. – www.mecanoo.nl

*

Geen toekomst zonder verleden

The Destiny of Architecture betekent voor mij: weten waar je heen wilt gaan. Daarvoor is het essentieel te weten waar je vandaan komt. Dat is deels een persoonlijk en deels een Mecanoo verhaal. Geen toekomst zonder verleden, geen vooruitzicht zonder kennis van traditie. Uiteraard heeft een architect uit Spanje of Taiwan een andere kijk op ons vak en op *The Destiny of Architecture*. Ik kom uit Nederland, een land van rivieren en klei. Een rivierenlandschap kan beïnvloed en eindeloos veranderd worden, of het nu gaat om een landschap in Spanje of Taiwan of Nederland. Maar een gebouw dat verrijst uit een typisch Nederlandse omgeving, zoals de bibliotheek van de TU Delft, is een heel ander *statement* dan een vergelijkbaar gebouw in Taiwan of in Spanje. Van de Nederlandse klei kun je, dankzij de baksteen, prachtige muren maken in vele kleuren, maten en structuren, zoals de 143 meter lange muur van het Nederlands Openluchtmuseum in Arnhem. Zulke muren zijn als zodanig in Spanje en Taiwan niet logisch.

De Hollandse panorama's van het vlakke land en de prachtige wolkenluchten zijn wereldberoemd door de schilderijen uit de zeventiende eeuw. Gebouwen in dit vlakke landschap beschouw ik als bergen: Dutch Mountains. De stad Rotterdam met haar hoge gebouwen is voor mij de Himalaya van de Dutch Mountains met *Montevideo* als de Mount Everest.

Ik ben in de jaren vijftig, de optimistische wederopbouwtijd, geboren in Limburg; het meest zuidelijke deel van Nederland met haar romantisch glooiende heuvels en solitaire bomen. Van daaruit verhuisde ik naar diverse andere steden en andere landschappen. Ik heb in twaalf huizen en een hotel gewoond, voordat ik in 1991 in Rotterdam ging wonen. Door de vele verhuizingen heb ik geleerd te observeren, te reageren op en me aan te passen aan steeds verschillende situaties. Rotterdam werd de stad van mijn keuze. Deze stad inspireert mij, met de rivier de Maas en de Kralingse Plas. Vanuit mijn huis heb ik uitzicht over het water en observeer ik de verhouding tussen stad en landschap.

Rotterdam is a permanent laboratory, a city that is never finished. Many problems - particularly social and urban - are crying out for a solution.

*

Mecanoo tradition

Mecanoo's origin lies in the passion to transform social ideals into representative architecture. "Social housing should be a serious architectural task", we declare on winning the *Kruisplein* competition in Rotterdam in 1980. In following years we claim, step by step, that the design of public space should be seen as an integral part of our architecture. We throw ourselves into the renovation of schools and universities and into thinking up buildings that do not want to be a building but instead a landscape.

In 1999 we introduce the aesthetics of mobility as a new instrument in urban planning. We resist the growing number of business parks located along the Dutch motorways. We propose treating the Randstad Tour as 'Holland Avenue'. The *Dutch Mountains* study represents the need for a highrise policy in the Randstad based on viewing the city-landscape relationship three-dimensionally and even four-dimensionally, with movement as the fourth dimension. All these ideas come together in 2003 in the *First International Architecture Biennale Rotterdam*, which I directed and curated.

Rotterdam draagt voor mij terecht de naam *Architectuurstad*. Niet omdat alles er goed en mooi is, maar vooral omdat Rotterdam een permanent laboratorium is; een stad die nooit af is. Veel problemen – vooral maatschappelijke en stedenbouwkundige – schreeuwen nog om een oplossing.

*

Mecanoo traditie

De oorsprong van Mecanoo ligt in onze passie om maatschappelijke idealen om te zetten in verbeeldende architectuur. "Sociale woningbouw moet een serieuze architectonische opgave zijn," roepen we als we in 1980 de prijsvraag *Kruisplein* in Rotterdam winnen. De jaren daarna claimen we het ontwerpen van de openbare ruimte als integraal onderdeel van onze architectuur. We storten ons op de vernieuwing van scholen en universiteiten en bedenken gebouwen die geen gebouw willen zijn, maar een landschap.

In 1999 introduceren we de 'mobiliteitsesthetiek' als nieuw instrument in de ruimtelijke ordening. We verzetten ons tegen de 'verbunnikanisering' van Nederland door het groeiend aantal bedrijventerreinen langs de snelwegen. We stellen voor het Rondje Randstad als een 'Holland Avenue' te behandelen. De studie *Dutch Mountains* verbeeldt de noodzaak van een hoogbouwbeleid in de Randstad. We zetten in op het driedimensionaal bekijken van de verhouding tussen stad en landschap en eigenlijk zelfs vierdimensionaal met beweging als vierde dimensie. Al deze ideeën komen in 2003 bij elkaar in de *Eerste Internationale Architectuur Biënnale* Rotterdam, waarvan ik directeur en curator was.

*

Mecanoo internationaal

Vanaf 2000 gaan we meer serieus in op uitnodigingen voor Europese competities. We worden steeds net niet eerste. Deels is dat teleurstellend, deels is dat prettig. Het bureau functioneert als een laboratorium zonder de ballast van de realisatie van het project. Competities worden een middel om nieuwe ideeën en concepten te ontwikkelen. Het zijn bovendien mooie opgaven, zoals: het hoofdkantoor van de BBC in Schotland, een museum op de Mount van Edinburgh, het hoofdkantoor van de Wereldgezondheidsorganisatie in Genève, Modemuseum en -school in Milaan, het Paleis van Justitie in Trento, een laboratoriumgebouw voor Novartis in Bazel en het Learning Centre voor de Technische Universiteit van Lausanne. Het exploreren van nieuwe concepten voor competities in combinatie met de ruime ervaring in het daadwerkelijk realiseren van een ontwerp, maakt ons denken steeds vrijer. Onze projecten worden monumentaler, grootser in hun gebaren en worden steeds beter ingebed in de lokale context. In 2005 winnen we de competitie voor *La Llotja*, een theater en congrescentrum in Lleida, Spanje. We stellen ons het theatercomplex voor als gehouwen uit de plaatselijke zandsteen en zwevend boven een openbaar plein aan de rivier de Segre. Het dak, een tuinlandschap met pergola's en veel bloemen, biedt een prachtig uitzicht over de omgeving.

In 2005 vieren we het 25-jarige bestaan van Mecanoo met een feestelijk diner boven in *Montevideo*. Dat jaar wordt voor mij een jaar

Mecanoo international

Starting in 2000, we respond more seriously to invitations for European competitions. Every time we just miss being first. This is partly disappointing, but also pleasant. The office functions as a laboratory without the burden of having to realise projects. Competitions are a means of developing new ideas and concepts. The assignments are interesting in and of themselves: the BBC headquarters in Scotland, a museum on the Mount of Edinburgh, the headquarters of the World Health Organisation in Geneva, the Fashion School and Museum in Milan, the Palace of Justice in Trento, a laboratory building for Novartis in Basle and the Learning Centre for the Lausanne University of Technology. Exploring new concepts for competitions in combination with ample experience in actually realising projects makes our thinking more and more free. Our projects are becoming more monumental, more grandiose in their gestures and better embedded in the local context. In 2005 we win the competition for *La Llotja*, a theatre and conference centre in the Spanish city of Lleida. The design for the theatre complex looks as if it is hewn from the local sandstone, hovering above a public square on the River Segre. The roof, a garden landscape with pergolas and lots of flowers, offers a splendid view over the surrounding area.

In 2005 we celebrate 25 years of Mecanoo with a lavish dinner at the top of the *Montevideo tower*. For me, it is a year of reflection. Since 1980, almost 500 people from all over the world have worked at Mecanoo. We seem to have become a school, a workshop. At the same time it is a good moment to look toward the future, to the next 25 years! The office structure is being made more professional so that we can better cope with international projects. We're working on competitions and projects in Spain, Italy, Finland, England, Poland, Albania, Taiwan, Japan and Korea. Working from Delft, Mecanoo forms alliances with local parties abroad keeping projects embedded within the local culture.

van reflectie. Sinds 1980 hebben bijna vijf-
honderd mensen van over de hele wereld bij
Mecanoo gewerkt. We lijken wel een school,
een werkplaats. Het is tegelijkertijd een mooi
moment om naar de toekomst te kijken. Op
naar de volgende 25 jaar! De bureaustruc-
tuur wordt verder geprofessionaliseerd om
de internationale projecten aan te kunnen.
We werken aan competities en projecten in:
Spanje, Italië, Finland, Engeland, Polen, Alba-
nië, Taiwan, Japan en Korea. Onze methode
daarbij is: Mecanoo werkt vanuit Delft en
gaat allianties aan met lokale partijen in het
buitenland om zo de projecten sterk in te
bedden in de plaatselijke cultuur.

✳

Twaalf maanden praktijk en reflectie
Om een impressie te geven van het huidige
Mecanoo en de recente ontwikkelingen binnen ons bureau, heb ik negentien momenten
uit de afgelopen twaalf maanden geselec-
teerd. Naast een indruk van dit tijdsmoment
geven deze een reflectie op het architectenvak. Was 2005 een jaar van reflectie, 2006
bleek de voorbereiding te zijn voor 2007: een
jaar van koortsachtige activiteit.

Op 27 november 2006 geef ik een lezing in
Sint Petersburg. Ik maak van de gelegenheid
gebruik om de tentoonstelling te bezoeken
van de plannen van Gazprom, het Russische
staatsbedrijf voor de gaswinning en energie-
voorziening, voor een toren van 320 meter
hoogte. Een simpel symbool voor macht
is hoogte. In verwarring aanschouw ik de
megalomane ontwerpen van internationaal
vermaarde architecten. Deze plannen passen

misschien in Dubai of Shanghai, maar toch
niet hier in Sint Petersburg? Een dergelijke
toren betekent een idiote stijlbreuk in de
bestaande stad.
Later lees ik in kranten dat verschillende jury-
leden uit protest zijn opgestapt. Russische in-
tellectuelen betogen dat de architectonische
harmonie van de stad zal worden verstoord.
Er is ook veel protest onder de bevolking en
vele instanties kondigen aan de plannen te
zullen boycotten. En wat hoor je van de zes
architecten, die allen tot de culturele elite
van de wereld behoren? Niets, zij zwijgen.
Zij lijken vertrokken en alweer op weg naar
de volgende prestigieuze opdracht. Van een
culturele elite mag een andere houding ver-
wacht worden. De globalisering en het grote
geld maken architecten kwetsbaar. Het zou
goed zijn als onze beroepsgroep zich daarvan
meer bewust zou worden.

Zwembad en Sportcentrum het Marnix in
Amsterdam wordt op 8 december 2006 met
een buurtfeest geopend. Qua architectuur is
het een ingetogen gebouw. Het sprankelt en
is toch bescheiden. Het voegt zich naar de
specifieke locatie. Al zwemmend kijk je over
het water van de Singelgracht. Afhankelijk
van de context bepalen we of een ontwerp
ingetogen dan wel expressief moet zijn, of
we aandacht willen trekken dan wel rustig
willen zwijgen.

Montevideo wint op 22 december 2006 de
Bouwkwaliteitsprijs van de stad Rotterdam.
Onze inzet om voor het hoogste woongebouw van Nederland juist veel aandacht
te besteden aan het kleinste detail wordt

*

Twelve months of practice and reflection

In order to give an idea of where Mecanoo now stands and which developments are taking place, I have selected nineteen moments from the last twelve months so as to provide an impression of these moments in time and a reflection on the profession of architecture. If 2005 was a year of reflection, 2006 became a year of feverish activity and that was even more the case in 2007. A selection of the events of the last twelve months.

On 27 November 2006 I give a lecture in St. Petersburg. I make use of the opportunity to visit the exhibition of the plans by Gazprom, Russia's state-owned gas and energy company that wants to build a 320 metre tower. A simple symbol of power is height. In confusion I view the megalomaniac designs by internationally renowned architects. These plans might suit Dubai or Shanghai, but surely not here? It seems an idiotic change of style for the city. Later I read in the papers that various jury members have resigned in protest. Russian intellectuals argue that the city's architectural harmony will be disturbed. There is a lot of protest amongst the population. Several authorities announce that they will boycott the plans. And what is heard from the six architects, all of whom belong to the world's cultural elite? Nothing, they are silent. They have already departed, it seems, and are on their way to the next prestigious commission. You might expect something different from a cultural elite. Globalisation and big money make architects vulnerable. It would be good if our profession were more aware of this.

The *Marnix Swimming Pool and Sports Centre* is opened on 8 December 2006 with a neighbourhood party. The building is subdued as far as architecture goes. It sparkles and yet is modest. It complies with the specific location. While swimming you can look over the water of the Singel Canal. Depending on the context, we consider whether a design should be more subdued or more expressive, whether we want to attract attention or be quietly silent.

On 22 December 2006 *Montevideo* wins the City of Rotterdam's *Building Quality Prize*. Our efforts to devote a lot of attention to the smallest details for what is Holland's tallest residential building are rewarded. After all, there can be no architecture without materialisation, no beauty without craftsmanship. A few months later we are awarded the *International Highrise Award* in Frankfurt.

We are increasingly asked to take part in competitions for projects of a highly iconographic nature. In Asia, too. We've always been rather reticent. "I don't want to become a 'jetlag' architect," I say in interviews. Eventually we change our minds and become active in the emerging markets. In the first week of 2007 we travel to Taiwan and Malaysia to experience these countries and their culture and climate and to meet clients. The construction rate in these countries is extreme: new towns and high speed railway lines seem to be realised effortlessly and quickly. Sustainability, it appears, is never a topic of discussion. The challenge for us is to make a responsible and sustainable contribution.

beloond. Er is immers geen architectuur
zonder materialisatie, geen schoonheid
zonder vakmanschap. Enkele maanden later
ontvangen we in Frankfurt de *International
Highrise Award*.

We worden steeds vaker gevraagd mee te
doen aan competities voor projecten met een
hoog iconisch karakter. Ook in Azië. We zijn
steeds terughoudend geweest. "Ik wil geen
'jetlag-architect' worden," meld ik in interviews. Uiteindelijk gaan we toch overstag en
worden actief in de 'emerging markets'. In
de eerste week van 2007 reizen we af naar
Taiwan en Maleisië om aldaar landschappen,
cultuur en klimaat te ervaren en opdrachtgevers te ontmoeten. Het bouwtempo in deze
landen is extreem hoog; 'Newtowns' en hoge
snelheidslijnen lijken moeiteloos en snel gerealiseerd te worden. Duurzaamheid lijkt geen
discussiepunt. Voor ons ligt hier de uitdaging
om een verantwoorde en duurzame bijdrage
te leveren.

Op 27 januari 2007 vertrek ik naar Harvard.
Een semester lang ben ik 'visiting professor'
aan de Graduate School of Design. Het is
een unieke en inspirerende ervaring. Harvard
is een ontmoetingsplaats voor interessante
architecten en academici uit alle werelddelen
die twee maal per maand in- en uitvliegen.
Er studeren veel ambitieuze Aziatische studenten en de meest moderne apparatuur is
beschikbaar. Het reizen is als topsport, maar
gelukkig ben ik getraind in het vermijden
van een jetlag. Mijn studenten geef ik expres
een typisch Nederlandse ontwerpopgave:
woningbouw aan de dijk van Almere. Super-

dutch. Woningbouw houdt je met de voeten
op de grond, verankerd in een lokale cultuur.
Het blijft een lastige opgave – misschien wel
de meest ingewikkelde in ons vakgebied – en
vaak ondergewaardeerd op universiteiten en
door architectuurcritici.

Op 1 februari 2007 wordt de Mekelweg, de
centrale as van de TU-wijk in Delft, officieel
afgesloten. De voorzitter van het College
van Bestuur, Hans van Luÿck, noemt het
een historisch moment, de vele plannen
memorerend die eraan vooraf zijn gegaan.
Lachend voorspelt hij dat alle TomToms zullen crashen nu de Mekelweg is opgeheven.
De TU Delft krijgt eindelijk een campus. Die
stoere zestiger jaren gebouwen komen met
hun voeten in het gras te staan en de facul-
teitsrestaurants komen aan het park te liggen.
Een hardstenen bank van een kilometer lang
wordt de hangplek voor alle studenten. De
concurrentieslag tussen universiteiten om
internationale studenten is groot. Een comfortabele, veilige campus met studentenhuis-
vesting is een belangrijk 'selling point'.

7 maart 2007 opent wethouder Adri Duivesteijn in Almere de tentoonstelling *Dutch
Mountains* ter afronding van mijn stadsbouw-
meesterschap van Almere. De tentoonstelling
bevat ondermeer studies en ideeën over mobiliteit, hoogbouw en vooral de 42 kilometer
lange kust van Almere. Almere is de 'Strand-
stad' van de Randstad. Voor de verhouding
tussen Amsterdam en Almere hebben we, à
la San Francisco, het IJmeer tot het centrum
van 'Amsterdam Bay Area' benoemd. Almere
heeft zich als newtown bewezen. Het succes

On 27 January 2007 I leave for Harvard. I'm visiting professor for a semester at the Graduate School of Design. Harvard is a unique and inspiring experience. It is a meeting place for interesting architects and academics who fly in and out twice a month from all over the world. A lot of ambitious Asian students are studying there. The school has the most modern equipment. Travelling is like a top-class sport - luckily I've enough training in it to avoid jetlag. I deliberately give my students a typically Dutch design assignment: housing on the dike of Almere. Superdutch. Housing keeps your feet on the ground, anchored in a local culture. It remains a difficult task - indeed perhaps the most complicated in our professional field - and is often underrated at universities.

On 1 February 2007 the Mekelweg, the central axis of the University of Technology district in Delft, is officially closed. The chairman of the Board of Governors, Hans van Luÿck, calls it an historic moment, mentioning the many schemes that preceded it. He smilingly predicts that all the Tom Toms will crash now that the Mekelweg has disappeared. The Delft University of Technology finally gets a campus. The sturdy sixties buildings end up standing with their feet in the grass, the faculty restaurants come to lie in the park. A granite bench a kilometre long becomes the place for all students to hang out. There is great competition between universities for international students; a comfortable, safe campus with student accommodation is an important selling point.

On 7 March 2007 the Almere alderman Adri Duivesteijn opens the exhibition *Dutch Mountains* to round off my period as City Architect of Almere. The exhibition shows studies and ideas about mobility, highrise and in particular Almere's 42 kilometre long coast. Almere is the Beach City of the Urban Conglomeration. Taking San Francisco as a model for Almere's relation to Amsterdam we've designated the IJmeer as the centre of the Amsterdam Bay Area. Almere has proved itself as a new town, partly because it has control over almost all the land. Our urban vision is embraced by the politicians. Now the point is to think up a strategy to find the right investors and developers who want to realise these ideas. The architect as planner of the future is a role that demands a lot of experience and wisdom.

On Friday 23 March 2007 the Taiwanese Minister for Culture announces that Mecanoo has won the competition for the *National Performing Arts Center* in Kaohsiung. The complex comprises a concert hall, an opera house, two theatre houses and an open air theatre. The design is meant to become Kaohsiung's new international icon and to attract renowned companies from all over the world. There is great excitement in the office. Zaha Hadid came in second. After the euphoria the first question is, how can we deliver the goods? The provisional design for the 100.000 m² project has to be ready in sixty calendar days! And this while administrators are taking an endless mound of time to reach decisions. We tell our client that it is irresponsible, but the bureaucracy and contracts seem inexorable.

is mede te danken aan het feit dat Almere bijna alle grond zelf in handen heeft. Onze stedenbouwkundige visie wordt door de politiek omarmd. Nu is het zaak een strategie te bedenken waarmee de juiste beleggers en ontwikkelaars aangetrokken worden om de ideeën te realiseren. De architect als planner van de toekomst is een rol die veel ervaring en wijsheid vereist.

Vrijdag 23 maart 2007 maakt de Taiwanese Minister voor Cultuur bekend dat Mecanoo de competitie voor het *National Performing Arts Center* in Kaohsiung gewonnen heeft. Het complex bestaat uit: een concertzaal, een operahuis, twee theaterzalen en een openluchttheater. Het moet het nieuwe internationale icoon voor Kaohsiung worden en gerenommeerde gezelschappen uit de hele wereld aantrekken. De opwinding op het bureau is groot. De architect Zaha Hadid is tweede geworden. "Hoe maken we het waar?" is direct na de euforie de vraag. Het voorlopig ontwerp voor het honderdduizend vierkante meter grote project moet in zestig kalenderdagen gereed zijn. En dat terwijl bestuurders

eindeloos de tijd nemen voor de besluitvorming. We vertellen onze opdrachtgever dat het onverantwoord is, maar de bureaucratie en de contracten lijken onverbiddelijk.

Al vanaf 2002 zijn we betrokken bij een initiatief van Anke Griffioen om de verloedering van de Binnenweg in Rotterdam te keren. Het gaat om *De Boogjes*, een project van de architect Pietro Hamel uit 1979. De roots van Mecanoo liggen in de stadsvernieuwing van het Oude Westen in Rotterdam. Er worden eindeloze gesprekken gevoerd en alternatieven afgewogen en getekend. Er moeten achttien winkeleigenaren worden overtuigd van de noodzaak te investeren in de verbouwing. Daar bovenop voeren we een academische strijd met Welstand Rotterdam, die zich afvraagt of *De Boogjes*, een symbool voor de stadsvernieuwing van het Oude Westen, wel aangetast mag worden. Welstand kan proberen de verbouwing tegen te houden, maar wat is het alternatief?
De steunberen van de bogen worden gedemonteerd en de winkelpuien worden 2,5 meter naar voren geschoven. Een verlichte

We have been involved already since 2002 in Anke Griffioen's initiative to combat the degeneration of the Binnenweg in Rotterdam. The issue is *De Boogjes* (Arcades), a scheme by architect Pietro Hamel from 1979. Mecanoo's roots lie in the urban renewal of the Old West district of Rotterdam. Endless discussions were held and alternatives considered and drawn. Eighteen shop owners had to be persuaded to invest in the renovation of the scheme. On top of this we wage an academic battle with Rotterdam's aesthetic control committee which is questioning whether harm may be done to the scheme, a symbol of the Old West urban renewal. The aesthetic control committee might well try to stop our project, but what's the alternative?
The abutments of the arches of *De Boogjes* are demolished and the shopfronts moved forwards by 2.5 metres. An illuminated canopy with integrated signage it connects the four blocks. At each end we've devised a sort of urban typecase with large letters which will be used each season by Poetry International to compose a new poem. The opening on 20 April 2007 is a feast of pride and friendship. It is a coalition of politics, culture and entrepreneurship with architecture as the catalyst. A role that fits our idea that architecture should be of service to society.

On 5 May 2005, during the 150th Congress of the American Institute of Architects in San Antonio, I am awarded an Honorary Fellowship. I feel a bit less isolated in Texas when I hear that this high distinction was earlier awarded to Jaap Bakema, Aldo van Eyck, Herman Hertzberger and Rem Koolhaas. A week later I also receive an Honorary Fellowship from the Royal Architecture Institute of Canada. I have to smile - maybe it's now finally time to become a member of the Union of Dutch Architects?

On Sunday morning 3 June 2007 fire breaks out in the office. The fire is fortunately discovered by the Mecanoo team that is taking part in the Weekend School in which children from deprived neighbourhoods in The Hague come to us to learn about the profession of architect. Great alarm in Delft, the Weekend School is cancelled, the fire extinguished, but there's a lot of damage. Mecanoo has a talent for improvisation and within two days is up and running again. Repairing the damage will take nine months. It is a disastrous moment, but the enormous loyalty of all those both within and outside Mecanoo is heartwarming.

On 19 June I give a lecture in Sheffield where we are carrying out the *Foxhill* housing project on the hills bordering the Peak District. The design is a mixture of rented and owner-occupied properties with an attractive public domain; an eye-opener in Great Britain where you can still feel the history of class society in all those depressing neighbourhoods. It doesn't surprise me that they are looking for Dutch architects with a completely different approach to housing design. The Dutch housing tradition, I am realising more and more, is unique in the world and of high quality.
On 29 June 2007, after a tense national contest with The Hague and Amsterdam, Minister Plasterk surprises everyone by choosing Arnhem as the site for the *National History*

luifel met geïntegreerde reclame verbindt
de vier blokken. Voor de kopgevels hebben
we een stedelijke letterbak met grote letters
bedacht, waarin Poetry International elk
seizoen een nieuw gedicht componeert. De
heropening op 20 april 2007 is een feest van
trots en vriendschap. Het is een coalitie van
politiek, cultuur en ondernemerschap met de
architectuur als katalysator; een rol die past
bij onze opvatting om als architect dienstbaar
te zijn aan de maatschappij.

Tijdens het hondervijftigste congres van
het American Institute of Architects in San
Antonio, krijg ik op 5 mei 2007 het 'Honorary
Fellowship' uitgereikt. Ik voel me iets minder
eenzaam in Texas als ik hoor dat deze hoge
onderscheiding eerder aan Jaap Bakema,
Aldo van Eyck, Herman Hertzberger en Rem
Koolhaas werd gegeven. Een week later in
Toronto ontvang ik ook nog het 'Honorary
Fellowship' van de Royal Architecture Institute of Canada. Ik moet glimlachen, zullen
we nu dan eindelijk lid worden van de Bond
van Nederlandse Architecten?

Zondagochtend 3 juni 2007 staat het
bureau in brand. De brand wordt gelukkig
ontdekt door het Mecanoo-team dat aan
de Weekendschool meedoet; kinderen uit
achterstandswijken van Den Haag komen bij
ons kennismaken met het vak van architect.
Groot alarm in Delft. De Weekendschool
wordt afgelast en de brand wordt geblust.
De schade is groot, maar binnen twee dagen
draait Mecanoo weer op volle toeren, dankzij
veel improvisatietalent. Het herstel van de
schade zal negen maanden in beslag nemen.

Zo'n brand is desastreus, maar de enorme
loyaliteit van alle Mecanoo's en vele buiten-
staanders is hartverwarmend.

Op 19 juni geef ik een lezing in Sheffield
waar we het woningbouwproject *Foxhill*
realiseren op de heuvels die grenzen aan het
Peakdistrict. Het ontwerp bestaat uit een mix
van huur- en koopwoningen met een aantrek-
kelijke openbare ruimte. Een eye-opener in
Groot-Brittannië waar de geschiedenis van
de klassenmaatschappij nog altijd voelbaar
is in de vele deprimerende wijken. Het
verbaast mij niets dat ze hier op zoek gaan
naar Nederlandse architecten die een geheel
andere bagage meenemen. Ik realiseer mij
steeds meer, dat de Nederlandse woning-
bouwtraditie uniek is in de wereld én van
hoge kwaliteit.

Na een spannende strijd met Den Haag en
Amsterdam kiest minister Plasterk op 29 juni
2007 volkomen onverwacht voor Arnhem als
locatie voor het *Nationaal Historisch Museum*.
Voor mij toont deze beslissing de kracht van
de verbeelding, gebaseerd op de intensieve,
inhoudelijke samenwerking met Jan Vaessen,
directeur van het tegenover de locatie gelegen Nederlands Openluchtmuseum. Goede
architectuur komt, al eeuwen lang, alleen tot
stand met een inspirerende opdrachtgever.

Op 12 juli 2007 winnen we, na een woe-
lige extra ingelaste competitieronde, de
architectenselectie voor het *Stadskantoor
en ondergrondse Station* in Delft. Dit voelt
als gerechtigheid. Sinds de invoering van
de EEG-selecties wordt de keuze voor een

Museum. For me it reveals the power of imagination, based on the intensive, intrinsic cooperation with Jan Vaessen, director of the National Heritage Museum located opposite the site. Good architecture has for centuries only been achieved with an inspiring commissioner.

On 12 July 2007, after a turbulent second round and even the introduction of an extra round, we win the competition for designing the new *Municipal Offices and underground Railway Station* in Delft. It feels like justice has been served.

Since the introduction of EEC selection procedures, choosing an architect has become bureaucratic. A bureau is engaged to supervise the selection and bases its recommendations not only on completed projects but also on formalities such as size, annual volume, personnel turnover and taxation reliability. The requirements are often disproportionate. As architects we should revolt against this. A construction process should not be a bureaucratic procedure but a many years' long, intensive relationship based on mutual trust in providing business services.

At a big press conference on 19 September, the Mayor of Córdoba presents our design for the *Palace of Justice*. The maquette stands spotlit in the room. The plan with its many patios is inspired by the old Moorish city. These patios are an essential part of our sustainability concept for they provide shadow and ventilation in this hot city. The basic elements of sustainability can often be logically drawn from the history of a region's buildings.

You can travel the whole world and yet be unfamiliar with the beauty and diversity of your own country. The Netherlands has twenty national parks, for example, one of which is the Wadden area. On 22 September, perhaps the finest day of the year, all of us at Mecanoo make a walk across the mudflats from Pieterburen to Schiermonnikoog. A breathtakingly beautiful trek through the mud and across the sandbanks under a sheer blue sky. Walking over the mudflats makes you aware that nature is stronger than architecture.

On 24 October we receive the first pictures of the *Mecanoo Miki Folly* in Japan. "A frame with a view", inspired by old Japanese craft techniques. We can't believe it's finished. It's the first project that we've done completely by email! It's been possible because of our familiarity with the architectural practice in Japan and the good bond and working arrangements that we have with our local Japanese architect.

Today, the 9th of November 2007, the *Da Vinci College* is opened by Princess Máxima. The Dordrecht commissioners have devoted themselves to creating a new learning concept for youth in need of a future in the labour market. The 22.000 m² Regional Educational Centre for Secondary Vocational Training was designed as a 'city within a city', with nine training houses connected by alleys, streets and squares. To this has been added a colourful, organic building that emanates the school's identity and versatility. More than five thousand pupils have to feel at home here without ending up lost in the massiveness of education.

architect steeds vaker gebaseerd op een
bureaucratische procedure. Een manage-
mentbureau, ingehuurd om de selectie te
begeleiden, adviseert een architect op basis
van referentieprojecten en op formaliteiten
zoals: grootte, jaaromzet, personeelsverloop
en betrouwbaarheid naar de fiscus. De eisen
zijn vaak disproportioneel. Als architecten
moeten wij hiertegen in opstand komen.
Een bouwtraject behoort geen bureaucratische procedure te zijn, maar een jarenlange,
intensieve vertrouwensrelatie in de zakelijke
dienstverlening.

De burgemeester van Córdoba presenteert
op 19 september 2007 tijdens een grote pers-
conferentie ons ontwerp voor het *Paleis van
Justitie*. De verlichte maquette staat te stralen
in de ruimte. Het plan met zijn vele patio's is
geïnspireerd op de plattegrond van de oude
Moorse binnenstad. De patio's zijn essentieel
voor ons duurzaamheidsconcept; ze zorgen
voor schaduw en ventilatie in deze hete stad.
De meest basale duurzame elementen haal je
vaak op logische wijze uit de bouwgeschiede-
nis van een streek.

Men kan over de hele wereld reizen en tegelijkertijd onbekend zijn met de schoonheid
en diversiteit van het eigen land. Nederland
telt twintig Nationale Parken, één daarvan is
het Waddengebied. Op 22 september 2007,
misschien wel de mooiste dag van het jaar,
maken we met alle Mecanoo's een wadloop-
tocht van Pieterburen naar Schiermonnikoog.
Een overweldigend mooie tocht door het
sliken over de zandbanken met daarboven
een strak blauwe lucht. Wandelend over het

wad ervaren we dat natuur sterker is dan
architectuur.

Op 24 oktober 2007 ontvangen we de eerste
beelden van de *Mecanoo Miki Folly* in Japan:
'a frame with a view', geïnspireerd op oude
Japanse ambachtstechnieken. We kunnen
niet geloven dat het af is. Het is het eerste
project dat we geheel per e-mail hebben gedaan. Dit is mogelijk vanwege de bekendheid
met de Japanse situatie en de goede band en
werkafspraken die we hebben met de lokale
Japanse architect.

Vandaag 9 november 2007 wordt in Dordrecht het *Da Vinci College* door prinses
Máxima geopend. De opdrachtgever heeft
zich ingezet voor de realisatie van een nieuw
leerconcept, voor een jeugd die toekomstperspectief op de arbeidsmarkt nodig heeft. Het
22.000 vierkante meter grote Regionaal Op-
leidingscentrum voor Middelbaar Beroeps-
onderwijs is ontworpen als 'een stad in een
stad', met negen leerhuizen die verbonden
zijn door stegen, straten en pleinen. Voor
de identiteit is daar een kleurig organisch
gebouw aan toegevoegd dat de veelzijdigheid
van de school uitstraalt. De ruim vijfduizend
scholieren moeten zich er thuis voelen en
niet verloren gaan in de massaliteit van het
onderwijs. De school werkt intensief samen
met het bedrijfsleven, zoals dat in de tijd van
de ambachtscholen ook het geval was. De
afwisseling in materialen als cortènstaal, met-
selwerk, stucwerk, zink, aluminium en glas,
geeft de leerhuizen elk een eigen identiteit
en symboliseert tegelijkertijd de trots van
ambachtelijkheid.

The school works intensively with the business community, as was also the case at the time of the craft schools. Variation in materials - Cortèn steel, brickwork, stucco, zinc, aluminium and glass - give the training houses their own identity and at the same time symbolises pride in craftsmanship.

Today, the 9th of November 2007, we are also presenting the plans for the new N.E.C. stadium in the sporting city of Nijmegen. Built on the site of the former one, the new stadium will be a multi-functional sports complex, a *House of Top Sport*, in the form of a sloping hill in Goffert Park. The stadium will be logistically linked to *FiftyTwoDegrees* and the new Goffert train station. Goffert Park thus gains volume and quality. The same goes for the stadium. It makes the sporting city of Nijmegen more complete.

*

Destiny of Mecanoo Architecture: four projects clarified

FiftyTwoDegrees, Nijmegen. At the start of the new millennium, Philips Semiconductors (now NXP) wanted to expand its current production and research site in Nijmegen by creating a new knowledge centre for the development of semiconductors for the electronics industry. The existing production site is highly secured. The new knowledge centre, where technology, science, culture, work, living and leisure come together, is meant to foster chance encounters and collaboration with diverse parties. The name of the complex, *FiftyTwoDegrees*, refers to the site's location on the 52nd degree of latitude. The 86 metre tall tower stands on a slope which, in the sec-

ond phase, will overarch the Neerbosscheweg, creating a direct link with Goffert Park. Under the grassed roof are parking spaces, various commercial facilities and a covered Plaza with shops and restaurants. Conference rooms, a theatre, a hotel, sports facilities and shops are due to be added to the complex in the second phase. The tower is seventeen storeys high. The lower eight floors are ten degrees out of plumb, creating an inviting gesture towards the city. The bent form was created by the hybrid construction of concrete and steel, whereby for each intermediate floor the elevation shifts in relation to the concrete cores. In order to shorten the construction time - one floor per week - was used prefabricated cladding, resulting in a pattern of pixels that gives the facade an abstract appearance. The office and laboratory floors can be flexibly subdivided. The use of climate ceilings allows the climate to be regulated for each work station so that the spaces can be adapted to the organisation of new products being developed.

Municipal Offices and Train Station, Delft. A railway viaduct divides the city centre of Delft into two. The construction of a railway tunnel will remove this barrier and make space for an expansion of the city centre. There will be an underground station combined with municipal offices. The whole complex has to be completed by 2014. As the starting point for our design we have opted for an interweaving of the future (Delft City of Knowledge) and the historical past. Travellers arriving in the station foyer will experience Delft as a city not only with a rich history but also one of technologi-

Francine Houben
Architectuurbulletin 05

Vandaag, 9 november 2007, presenteren we
de plannen voor het nieuwe stadion van
N.E.C. in Sportstad Nijmegen. Het nieuwe
stadion, op de plek van het oude, wordt een
multifunctioneel sportcomplex, een *Huis van
de Topsport*, in de vorm van een glooiende
heuvel in het Goffertpark. Het stadion wordt
logistiek gelinkt aan *FiftyTwoDegrees* en het
nieuwe treinstation De Goffert. Het Goffertpark wint door het ontwerp aan volume en
kwaliteit. Datzelfde geldt voor het stadion.
Het maakt Sportstad Nijmegen completer.

*

Destiny of Mecanoo Architecture:
vier projecten uitgelicht

FiftyTwoDegrees, Nijmegen: aan het begin
van het nieuwe millennium wilde Philips
Semiconductors, tegenwoordig NXP, haar
huidige productie- en researchsite in Nijmegen uitbreiden met een nieuw kenniscentrum
voor de ontwikkeling van halfgeleiders voor
elektronica. De bestaande productiesite is
zwaar beveiligd en met hekken omringd.
Het nieuwe kenniscentrum, waar technologie, wetenschap, cultuur, werken, wonen
en ontspanning samensmelten, moet juist
uitnodigen tot ontmoeting en samenwerking met andere partijen. De naam van het

complex, *FiftyTwoDegrees*, refereert aan de
52e breedtegraad van de locatie. De 86 meter
hoge toren staat op een oplopend maaiveld
dat in de tweede fase de Neerbosscheweg
zal overkluizen en een directe verbinding
zal creëren met het Goffertpark. Onder het
grasdak liggen: parkeerplaatsen, commerciële
ruimten en een overdekte Plaza met horeca.
In de tweede fase worden conferentieruim-
ten, een theater, een hotel, sportaccommoda-
ties en winkels aan het complex toegevoegd.
De toren is zeventien verdiepingen hoog. De
onderste acht lagen staan tien graden uit het
lood, waardoor het gebouw een uitnodi-
gend gebaar naar de stad maakt. De knik is
gerealiseerd in een hybride constructie van
beton en staal, waarbij per verdiepingsvloer
de gevel verschuift ten opzichte van de
betonkernen. Om de bouwtijd te verkorten
naar één verdieping per week is gekozen voor
geprefabriceerde gevelpanelen, resulterend in
een pixelpatroon dat de gevel een abstracte
uitstraling geeft. De kantoor- en laboratori-
umvloeren zijn flexibel indeelbaar. Door de
toepassing van klimaatplafonds is de indeling
per werkplek te regelen, zodat bij de ontwikkeling van nieuwe producten de ruimte aan
de projectorganisatie kan worden aangepast.

Stadskantoor en Station, Delft: een spoor-
wegviaduct deelt de binnenstad van Delft in
tweeën. Met de aanleg van een spoortunnel
verdwijnt deze barrière en ontstaat er ruimte
voor een uitbreiding van de binnenstad.
Er komt een ondergronds treinstation in
combinatie met een stadskantoor. In 2014
moet dit complex gereed zijn. Als uitgangspunt voor het ontwerp hebben we gekozen

cal innovation. A vaulted ceiling on which a scene is depicted in Delft Blue crowns the impressive space. The ceiling of the station foyer continues through to the city hall. The city hall and the station foyer are separated from each other by a glass wall and a nucleus from which the stairs and elevators lead to the offices above. The positioning of the amenities affords travellers a view of the historical city from the station foyer. The glass skin of the city hall reflects the Dutch skies of Vermeer and also makes the building transparent: democracy is open and accessible. Designed for maximum energy efficiency, the building uses 35% less energy than government standards. Incisions in the glass volume form a pattern of alleyways inspired by the intricate structure of streets in Old Delft. The horizontal division of the building - with a plinth of clear glass and above this the raised office landscape of the municipal offices - provides a clear distinction between public and private. On the facade, a digital news ticker marks the flowing lines of the building interior and illuminates the plinth at night. On this news ticker, actual information about public transportation, activities and news about the city of Delft is displayed.

Theatre and Congress Centre, Lleida, Spain. On the bank of the Segre River, just outside the centre of the city of Lleida, the construction of *La Llotja*, a large theatre and congress centre, is in full swing. The large stone edifice seems to have sprouted from the Spanish soil. Commencing under the sixteen metre wide cantilevers is a square for events, with the steps of the adjacent building serving as a tribune. In a light court in the centre of the building a monumental staircase rises from street level to the multi-functional hall on the first floor. A ramp leads on to the foyer on the second level where there is a panoramic window looking out across the old city and the Segre River. In the foyer are the entrances to the theatre, which also serves as a large conference hall, meeting rooms and a small conference room which is visually connected to the multi-functional hall by means of a raked tribune separated by a glass wall. Restaurants with bars lie on the river and square side of La Llotja. The logistics are exceptionally functional - the monolithic building is in fact composed of different building components linked together by sound-absorbing foyers. The interior largely consists of white plastered walls with alternating stone and wooden floors. The theatre has the atmosphere of an orchard with walls of dark wood in which trees of light have been cut out. The theme of fruit colours recurs throughout the building down to the smallest details. The region of Lleida, after all, is famous for its fruit production. The roof with a tapas bar for congress visitors is colourful: pergolas support a range of creepers and climbers such as wisteria, clematis and ivy. The garden with its *mirador* is not only pleasant but also useful since the ground cover keeps the roof cool in the summer. The whole thing provides those living in the higher surrounding apartments with a splendid view. *The National Performing Arts Center* is to become the new icon of the city of Kaohsiung, with its 1.5 million inhabitants the second city of Taiwan and one of the largest harbour cities in the world. The construction of the *Performing Arts Center* on the site of

Francine Houben
Architectuurbulletin 05

voor een actuele verweving van de toekomst
(Delft Kennisstad) met het historische
verleden. In de stationshal ervaart de reiziger
Delft als een stad met een rijk verleden en
tegelijk als de stad van de technologische
innovatie. Een gewelfd plafond, voorzien
van een tafereel uitgevoerd in Delfts Blauw,
bekroont de imposante ruimte. Het plafond
van de stationshal loopt door in de hal van
het stadskantoor. Stadshal en stationshal
worden van elkaar gescheiden door een glazen wand en een kern waarin de trappen en
liften naar de bovengelegen kantoren leiden.
De voorzieningen zijn zo georganiseerd dat
de reiziger vanuit de stationshal een blik op
de historische stad kan werpen. De glazen
huid van het stadskantoor weerspiegelt de
Hollandse wolkenluchten van Vermeer en
maakt het gebouw tegelijkertijd transparant;
de democratie is open en toegankelijk. Het
gebouw is energiezuinig; het energieverbruik
ligt 35% onder de wettelijke EPN-norm.
Insnijdingen in de glazen massa vormen
een patroon van stegen, geïnspireerd op
de fijnmazige structuur van straatjes in het
oude Delft. De horizontale opdeling van het
gebouwvolume in een plint van helder glas en
daarboven het opgetilde kantoorlandschap
van het stadskantoor, geeft een onderscheid
aan tussen het publieke en private deel. Op
de gevel komt een digitale lichtkrant die de
vloeiende lijnen markeert van het interieur
van het gebouw en die bij avond de plint
rondom verlicht. Deze lichtkrant geeft
actuele informatie over: openbaar vervoer,
activiteiten en nieuws over de stad Delft.

Theater en congrescentrum *La Llotja*, Spanje:
op de oever van rivier de Segre, iets buiten
het centrum van de stad Lleida, is de bouw
van La Llotja in volle gang. Het grote natuur-
stenen bouwwerk lijkt aan de Spaanse aarde
te zijn ontsproten. Onder de zestien meter
brede uitkragingen begint een plein voor eve-
nementen met de trappen van het naastgele-
gen gebouw als tribune. In de lichthof in het
midden van het gebouw loopt vanaf straatni-
veau een monumentale trap omhoog naar de
multifunctionele hal op de eerste verdieping.
Een hellingbaan gaat verder naar de foyer op
de bel-etage met een panoramavenster dat
uitzicht biedt op de oude stad en de rivier
de Segre. Vanuit de foyer zijn het theater,
dat tevens als grote congreszaal dienst doet,
de vergaderzalen en de kleine congreszaal
bereikbaar. Deze laatste is visueel verbonden
met de multifunctionele hal door middel van
een oplopende tribune, maar ervan afgeschei-
den door een glazen wand. De restaurants
met bars liggen aan de rivier- en pleinkant
van La Llotja. De logistiek is buitengewoon
functioneel. Het monolithische bouwwerk
bevat in feite verschillende gebouwdelen die
door geluidabsorberende foyers aaneenge-
schakeld zijn.
De binnenkant heeft vooral witte, gestucte
wanden met een afwisseling van natuurste-
nen en houten vloeren. Het theater krijgt de
sfeer van een boomgaard door wanden van
donker hout en daarin uitgesneden bomen
van licht. Het kleurenpallet van fruit is een
thema dat door het gehele gebouw tot in de
kleine details terugkomt. De regio van Lleida
is immers beroemd om zijn fruitproductie.
Ook het dak met de tapasbar voor congres-

a former barracks is meant to symbolise the city's evolution from a seaport into a modern, cultural city. An important source of inspiration for the building's design were the existing centuries-old banyan trees at the site. The banyan tree is one of the world's largest trees - its crown can grow so wide that, according to legend, Alexander the Great could shelter underneath it with his entire army. Because of openings in the roof, passageways and open spaces, an almost porous building is created in which interior and exterior merge together. The roof creates a natural and efficient form of cooling for the building in the subtropical climate, as well as an informal public space where the city's residents can stroll, practice Tai Chi, meditate or just relax. The point where the roof dips to the ground becomes an open-air theatre, inspired by the ancient Greek theatre. The surrounding park in turn becomes an informal stage.

❉

The future

How do I see our mission? On the one hand our work is becoming increasingly freer, more monumental and grander in its gestures and, on the other hand, depending on the context, more modest or expressive. We want to conquer the world step by step in a responsible, sustainable way. Our architecture arises from a multitude of factors, circumstances and considerations: culture and climate, tradition and craftsmanship, history and future. The art lies in weaving these together in a convincing and balanced manner. It is with this attitude that we take on the demand for representative, sometimes even iconic architecture.

The Mecanoo team is diverse. There are eighty men and women who come from all over the world and represent several disciplines. This is what makes it possible for us to materialise and realise our dreams. After all, there can be no good architecture without materialisation, no beauty without craftsmanship. Real architecture is something that you not only have to see but also to be able to experience with all your senses.

We have succeeded, as Ole Bouman states in his introduction. And success is addictive. You always want to be bigger and better, it seems. Being part of a cultural elite creates moral obligations. For me this means that you keep your feet planted firmly in the ground and use all your senses to thoroughly observe and interpret situations and assignments. That's what *The Destiny of Architecture* is for me.

gangers is kleurrijk; pergola's dragen een selectie van kruipers en klimmers als blauwe regen, clematis en hedera. De tuin met mirador is aangenaam en nuttig. De begroeiing houdt in de zomer het dak koel en het geheel verschaft de omwonenden vanuit hun hoger gelegen appartementen een fraai uitzicht.

Het *National Performing Arts Center* wordt het nieuwe icoon van het anderhalf miljoen inwoners tellende Kaohsiung, de tweede stad van Taiwan en een van de grootste havensteden van de wereld. Met de bouw van het *Performing Arts Center* op een voormalig kazerneterrein wil de stad haar omslag symboliseren van een havenstad naar een moderne, culturele stad. Belangrijke inspiratiebron voor het ontwerp van het gebouw zijn de eeuwenoude Banyanbomen op de locatie, een van 's werelds grootste boomsoorten. De kroon van de Banyanboom kan zo breed uitgroeien dat volgens de legende Alexander de Grote met zijn hele leger eronder kon schuilen. Door de openingen in het dak, de passages en de open ruimtes ontstaat een bijna poreus gebouw waarin interieur en exterieur samenvloeien. Het dak zorgt voor een natuurlijke en efficiënte koeling van het gebouw in het subtropische klimaat. Het creëert tegelijk een informele publieke ruimte voor de bewoners van de stad waar men kan flaneren, tai chi beoefenen, mediteren of op een andere manier kan relaxen. Waar het dak de grond raakt wordt het een openluchttheater dat geïnspireerd is op het oude Griekse theater. Het omliggende park wordt daarmee tot een informeel podium.

*

De toekomst

Wat is onze missie? Ons werk is enerzijds steeds vrijer, monumentaler en grootser in gebaren geworden en anderzijds, afhankelijk van de context, meer ingetogen of expressief. Stap voor stap willen we de wereld veroveren op een verantwoorde, duurzame wijze. Onze architectuur komt tot stand uit een veelheid aan factoren, omstandigheden en overwegingen: cultuur en klimaat, traditie en vakmanschap, geschiedenis en toekomst. De kunst is dit alles met elkaar te verweven op een overtuigende en afgewogen manier. Met deze houding gaan we in op de vraag naar beeldende, soms zelfs iconische architectuur. Het Mecanoo-team is divers van samenstelling. Het is tachtig man en vrouw sterk. De medewerkers zijn afkomstig van over de hele wereld en vertegenwoordigen meerdere disciplines. Zo is het mogelijk onze dromen te materialiseren en te realiseren. Er is immers geen architectuur zonder materialisatie, geen schoonheid zonder vakmanschap. Echte architectuur moet je niet alleen zien met je ogen, maar ook met alle andere zintuigen kunnen ervaren.

We hebben succes, zoals Ole Bouman in zijn inleiding aangeeft. En succes is verslavend. Het schijnt dat je altijd meer, groter en grootser wil. Deel uitmaken van de culturele elite schept morele verplichtingen. Het betekent voor mij: met je voeten in de klei blijven staan en al je zintuigen gebruiken om situaties en opgaven telkens opnieuw grondig te observeren en te interpreteren. Dat is voor mij *The Destiny of Architecture*.

Francine Houben
Architectuurbulletin 05

Ronald Rietveld

Intermezzo

Ronald Rietveld (1972) graduated with honours as a landscape architect from the Amsterdam Academy of Architecture in 2003. In addition to third prize in the Archiprix 2004, he won the Prix de Rome Architecture for his project *Generating Dunescapes* in 2006. His agency, Rietveld Landscape, concentrates predominantly on current spatial problems. – www.rietveldlandscape.nl

What are the assignments of tomorrow? In landscape architecture, they are the following: the problem of rising sea and river water levels, extreme precipitation and drought, the increasing urbanisation of the Netherlands, infrastructure, the changing significance of public space, and finally, sustainability, climate and ecology.

Rietveld Landscape employs a specific method of working in design and research, using the strength of developments and processes that are already in place to give a new context and significance to existing qualities on various levels. This generates new opportunities for landscape, architecture, urban development, ecology, recreation and the economy. The following are examples of projects carried out by our agency.

Water Moss Rocks uses the increasing levels of extreme precipitation to make an urban water garden in the centre of Amsterdam. An existing network of tunnels carries 72.000.000 litres of rain water that falls annually on the roofs in the vicinity of the Mr. Visserplein to the garden. The *Hortus Moss Rock* in the centre of the city's water garden is a botanical attraction. Unique mosses and ferns that are being removed from the canal walls thrive on the damp rock. An impressive water decor is created in which people can escape the bustle of urban life. The dynamic of the clean water forms the biggest attraction in this sunken water garden.

Deltawerken 2.0 is a proposal for a green river that will provide new opportunities for the layout of the areas around the major Dutch rivers. For example, the area between Arnhem

Ronald Rietveld

Intermezzo

Ronald Rietveld (1972) studeerde in 2003 cum laude af als landschapsarchitect aan de Academie van Bouwkunst in Amsterdam. Naast de derde prijs van de Archiprix 2004 won hij in 2006 met het project *Generating Dune Scapes* de Prix de Rome Architecture. Binnen zijn bureau Rietveld Landscape concentreert hij zich voornamelijk op actuele ruimtelijke vraagstukken. – www.rietveldlandscape.nl

Wat zijn de opgaven van morgen? Voor de discipline landschapsarchitectuur zijn dit onder andere: de problematiek van hoogwater in zee en rivieren, extreme regenval en droogte, de voortschrijdende verstedelijking van Nederland, infrastructuur, de veranderende betekenis van de openbare ruimte, en als laatste duurzaamheid, klimaat en ecologie.

Bij ontwerp en onderzoek hanteert Rietveld Landscape een specifieke werkwijze. Het bureau benut de krachten van al aanwezige ontwikkelingen en processen om bestaande kwaliteiten op uiteenlopende schaalniveaus een nieuwe context en betekenis te geven. Zo ontstaan er nieuwe kansen voor landschap, architectuur, stedenbouw, ecologie, recreatie en economie. Hier volgen voorbeelden van enkele projecten van ons bureau.

Water Moss Rocks gebruikt de toenemende extreme regenval voor het maken van een stadswatertuin in het centrum van Amsterdam. Per jaar stroomt 72.000.000 liter regenwater van de daken in de omgeving naar het Mr. Visserplein toe via een bestaand tunnelnetwerk. De *Hortus Moss Rock* in het midden van de stadswatertuin is een botanische attractie. Op de vochtige rots gedijen de bijzondere mossen en varens die nu van de grachtenmuren worden verwijderd. Er ontstaat een indrukwekkend waterdecor, waarin mensen kunnen ontsnappen aan de stedelijke drukte. De dynamiek van het schone water vormt de grootste aantrekkingskracht van deze verzonken stadswatertuin.

Deltawerken 2.0 is een voorstel voor een groene rivier, dat nieuwe kansen biedt voor de inrichting van het Nederlandse rivierengebied. Bijvoorbeeld voor het gebied tussen Arnhem en Nijmegen dat hetzelfde lot dreigt te ondergaan als het Groene Hart: De achterkanten van Arnhem en Nijmegen groeien aan elkaar. De groene rivier wordt benut voor het maken van een imposante nieuwe stedelijke leegte tussen de steden. Deze 'bypass' structureert bovendien de stedelijke ontwikkeling. De groene rivier wordt omlijst door een dijkpark en vormt de nieuwe voorkant van het gebied tussen Arnhem en Nijmegen. Het dijkpark is 42 kilometer lang en georiënteerd

and Nijmegen that is threatening to go the same way as the Green Heart – the southern suburbs of Arnhem and the northern suburbs of Nijmegen becoming joined. The green river will be used to create an imposing, new urban void between the two cities. The green river will be framed by a dike park, which will form the new façade of the area between Arnhem and Nijmegen. The dike park will be 42 kms long and linked to castles and churches in the surrounding area. It will also be the route for the first day of the Nijmegen Four Day Walking Event. The dike park – with an endless cathedral-like row of elms – will anticipate and structure future developments between the cities. There will be a range of profiles and atmospheres.

Generating Dunescapes combines the large-scale developments and possibilities of the dunescapes in the IJmond region. The design uses several gigantic natural processes and existing urban plans to turn IJmond into a fascinating, urban dunescape. The project includes a *hot spring* – dune water rich in minerals that is warmed using the residual heat from nearby blast furnaces. It is the first West-European winter seaside resort, creating new opportunities for recreation and the economy.

The general conclusion of our research into the visual quality of *Rotterdam Harbour* is that the current quality is high. The aura of purity is the result of the pure manifestation of technology without the trimmings. A majestic and often surrealistic landscape has spontaneously appeared.
The biggest challenge is to make this phe-nomenal landscape attractive to even more users, while retaining the adventurousness and purity of the harbour. This project also reflects our strategy of undertaking large-scale developments such as the construction of *Maasvlakte 2* and the continual infrastructural assignments concerning the A15. This project also reflects our strategy of making the most of large-scale developments: the construction of a double *scenic highway* that will provide a unique experience in the harbour panorama.

op kastelen en kerken in de omgeving. Het is
tevens het parcours van de eerste etappe van
de Nijmeegse Vierdaagse. Het dijkpark met
daarop een oneindige iepen-kathedraal anti-
cipeert op de diverse toekomstige ontwikkelingen tussen de steden. Er ontstaat een scala
aan profielen en sferen.

Generating Dune Scapes combineert de
grootschalige ontwikkelingen en potenties
van het duinlandschap in de regio IJmond.
Het ontwerp maakt gebruik van enkele
gigantische landschappelijke processen en
bestaande stedelijke plannen om IJmond om
te vormen naar een fascinerend stedelijk
duinlandschap. Het project omvat onder
andere een *hot spring*, mineraalrijk duinwater
dat wordt verwarmd met de restwarmte
van Hoogovens. De eerste West-Europese
winterbadplaats schept nieuwe kansen voor
recreatie en economie.

De algemene conclusie van ons onderzoek
naar de beeldkwaliteit van de *Haven Rotterdam* is dat de huidige beeldkwaliteit hoog
is. De pure uitstraling is te danken aan de
zuivere verschijningsvorm van techniek zonder franje. Er is spontaan een groots en vaak
surrealistisch landschap ontstaan.
De grote uitdaging is om dit fenomenale
landschap voor nog meer groepen gebruikers
aantrekkelijk te maken, maar met behoud
van de avontuurlijkheid en puurheid van de
haven. Ook in dit project richt onze strategie
zich op het meeliften op grootschalige ontwikkelingen, zoals de aanleg van *Maasvlakte
2* en de continue infrastructuuropgaven voor
de A15. Deze laatste opgave is aangegrepen
voor een lange termijn strategie: de aanleg
van een dubbele *scenic highway* die zorgt voor
een unieke beleving van het havenpanorama.

Wiel Arets

Essay 04

Wiel Arets (1955) graduated as an architect from Eindhoven University of Technology in 1983 and founded his own architecture agency, Wiel Arets Architect & Associates, a year later. In addition to many international projects, he produces an increasing number of designs for a variety of clients.
– www.wielaretsarchitects.nl

A couple of years ago, the *NRC Handelsblad* featured a photograph of a flying car of Dutch design, which is currently ready for production but cannot be used due to legislation. Architects are also continually confronted with the problem of legislation, which has an important impact on our built environment. We often see limiting conditions as starting points for our concepts and use legislation as a prelude to solutions that make our work unique.

In my opinion, words and terms such as *virus, strange, freedom, perfect* and *imperfectness* are important. And I have added others such as *ideology, luxury, utopia* and *happiness* to my vocabulary. I included a dictionary in the book *An Alabaster Skin* because I believe that terms have different meanings and because I am interested in the metamorphosis of definitions over time. We think in words that can then adopt different definitions and in so doing become stratified.

The city, the place where, in 30 years' time, 90% of the world's population will live, will take on a meaning different from the one we, in most cases, currently know, that of the developed medieval city. The city that we are working on will be strongly determined by *strategic devices*: strategies that are not only determined by what people want but also by phenomena that we cannot control. The uncontrollable, the indefinable, the elusive, will provide different societal groups with their own definitions of the city. It could be that you are involved in different 'circuits' that exist alongside one another.

New terms are constantly emerging that can have substantial influence on how we think. Deconstructivism and Postmodernism are terms borrowed from philosophy that defined the debate in the late 20th century, traces of which can even be found in design. I have lived through many 'isms' and try to keep our work free from trends, trying instead to contemplate the essence of each individual assignment.

The combination of seemingly conflicting interests forms a *strange condition*, a phenomenon that we used as our starting point several years ago for an exhibition in the architecture museum in Basel, which resulted in the publication of the book *Strange Bodies*. For me, the

Wiel Arets

Essay 04

Wiel Arets (1955) studeerde in 1983 af als architect aan de TU Eindhoven en richtte een jaar later zijn eigen architectenbureau Wiel Arets Architect & Associates op. Naast vele internationale projecten ontwerpt hij in toenemende mate design voor diverse opdrachtgevers. – www.wielaretsarchitects.nl

Een paar jaar geleden stond in *NRC Handelsblad* een foto van een vliegende auto, ontworpen door een Nederlander, die op dit moment productieklaar is, maar niet gebruikt mag worden vanwege de regelgeving. Ook architecten worden continu geconfronteerd met regelgeving, die een belangrijke invloed heeft op onze gebouwde omgeving. We zien beperkende voorwaarden vaak als uitgangspunt voor onze concepten en gebruiken regelgeving als opmaat voor oplossingen die ons werk een eigen gezicht geven.

Binnen mijn denken zijn woorden en begrippen als *virus, strange, freedom, perfect* en *imperfectness* van belang, maar ook *ideologie, luxe, utopie en geluk* zijn aan mijn vocabulaire toegevoegd. In het boek *An Alabaster Skin* heb ik een dictionaire opgenomen, omdat ik geloof in verschillende betekenissen van begrippen en omdat ik geïnteresseerd ben in de verandering van definities gedurende de tijd. Wij denken in woorden die vervolgens verschillende definities kunnen aannemen en zodoende een gelaagdheid krijgen.

De stad, de plek waar over dertig jaar 90 procent van de wereldbevolking zal wonen, zal een andere betekenis krijgen dan de stad die we nu kennen: de veelal gegroeide middeleeuwse stad. De stad waaraan wij werken zal sterk bepaald worden door *strategic devices*, strategieën die niet alleen bepaald worden door wat men wil, maar ook door fenomenen die we niet kunnen controleren. Door het oncontroleerbare, het ondefinieerbare, het fysiek niet vatbare, krijgt de stad voor verschillende groepen binnen onze maatschappij een eigen definitie. Het kan zo zijn dat je betrokken bent bij verschillende 'circuits' die naast elkaar bestaan.

Constant komen nieuwe begrippen naar voren, die een grote invloed op ons denken kunnen hebben. Deconstructivisme en Postmodernisme zijn aan de filosofie ontleende begrippen, die eind twintigste eeuw het debat hebben bepaald en waarvan de sporen zelfs in de vormgeving zijn terug te vinden. Ik heb veel '–ismen' meegemaakt en probeer ons werk vrij te houden van trends en na te denken over de essentie van iedere opdracht. De combinatie van schijnbaar tegengestelde belangen vormt een *strange condition*, een fenomeen dat wij enkele jaren geleden voor

term 'strange condition' plays a key role. It is
not about *shape* or *smoothness*, but about the
discovery of a form that need not be beautiful
in any way whatsoever.

Whenever we are engaged in the development of a city, of buildings and products, this
development revolves around the consideration of future scenarios. We work consciously
beyond national boundaries; when working
abroad we have noticed that the cultures we
are confronted with are often close to our
own. We live in a world where building in
Japan, Korea, Australia or America is no longer

as exotic as it used to appear five or ten years
ago. The world in which we live is becoming
ever more international and complex, not to
mention interesting, every day.

We have to realise that whenever we talk
about the city, the airport has become the
new infrastructural hub and that locations
around the airport, where people work and
shop, will undergo enormous development.
We are building a nine-storey WTC for
Zaventem Airport with a surface area of
62.000m² – the first building in a plan that will

een tentoonstelling in het architectuurmuseum in Basel als uitgangspunt hebben gebruikt en naar aanleiding waarvan het boek *Strange Bodies* werd uitgebracht. Het begrip 'strange condition' speelt binnen mijn denken een centrale rol. Het gaat daarbij niet om *shape*, niet om *smoothness*, maar om het ontdekken van een vorm, die helemaal niet mooi hoeft te zijn.

Wanneer wij ons bezighouden met de ontwikkeling van de stad, van gebouwen en producten, dan gaat het erom scenario's voor de toekomst te bedenken. Wij werken bewust niet alleen in Nederland; in het buitenland merken we dat de culturen waarmee we geconfronteerd worden, dicht bij onszelf staan. We leven nu in een wereld waarin bouwen in Japan, Korea, Australië of Amerika niet meer zo exotisch is als het vijf of tien jaar geleden leek. De wereld waarin we leven wordt met de dag internationaler en complexer, maar ook interessanter.

We moeten ons realiseren dat wanneer we over de stad spreken, het vliegveld het nieuwe infrastructurele knooppunt is geworden en dat de locaties rondom het vliegveld, waar gewerkt en gewinkeld wordt, een enorme ontwikkeling zullen ondergaan. Voor *Zaventem Airport* bouwen wij onder andere een negen lagen hoog WTC met een oppervlak van 62.000 vierkante meter, het eerste gebouw in een ontwikkeling van totaal 450.000 vierkante meter. Op Zaventem ligt de aankomsthal op de vijfde verdieping van ons gebouw. In principe is de middellaag, de collectieve laag, dus de laag waarop het vliegveld zich bevindt. Je waant je op de begane grond, 'zero level', zonder te beseffen dat het een artificiële 'datumlevel' is. Dit principe kennen we van steden als Tokio en het is een wereldwijd geaccepteerde kunstmatige situatie geworden.

Van een Chinese opdrachtgever kregen we het verzoek een relatief klein project te ontwerpen: 72 romantische villa's rondom een meer, met prijzen variërend van vijf tot zeven-en-een-half miljoen dollar. Tijdens de terugreis van Shanghai naar Nederland maakte ik vanuit het vliegtuig net buiten Amsterdam een foto van ons polderlandschap. Kunstmatige eilanden, waarop steeds één gebouw staat: een windmolen die de polder bemaalt. Ik kwam tot de conclusie dat we in Nederland constant kunstmatige eilanden maken. Naar aanleiding daarvan kwam de gedachte in me op, dat als je een dure woning bouwt, je het liefst wilt dat die woning op een eiland van jezelf staat. We hebben dus een voorstel gemaakt om, in plaats van de villa's rondom een meer te situeren, een reeks eilanden te maken. Een serie kunstmatige landschappen waarop de villa's gebouwd worden.

Wanneer ik over de stad spreek en wanneer we ons realiseren dat de huidige stadscentra steeds meer museale attracties worden, dan beseffen we dat ook in een stad als Amsterdam, de ontwikkelingen van de Zuidas, de IJ-oevers en Zuidoost zich tot een totaal andere context verhouden. Het gaat om heel interessante ingrepen, waardoor Amsterdam met de mainport Schiphol, zich vestigt op de wereldkaart en ruimte biedt aan een hedendaagse visie op wonen, werken en cultuur.

see the development of 450.000m² – where the arrivals hall will be level with the fifth floor of the new building. In principle, the middle layer is the collective layer, the layer in which the airport is located. You think that you are on the ground floor, level zero, without realising that it is an artificial datum level, which is a principle we know from cities such as Tokyo and which has become a globally accepted artificial situation.

A Chinese client asked us to design a relatively small project: 72 romantic villas around a lake, with prices ranging from five to seven-and-a-half million dollars. During the return trip from Shanghai to the Netherlands, I took a photo of our polder landscape just before landing in Amsterdam. Artificial islands, with one building and a windmill that drains the polder. I came to the conclusion that we are constantly making artificial islands in the Netherlands. As a result, I was struck by the idea that if you build such an expensive house, wouldn't you rather have it built on your own island? So we proposed creating a series of islands instead of villas around the lake. A series of artificial islands on which the villas could be built.

Whenever I talk about the city and whenever we realise that, more than ever, the current city centres are becoming museum attractions, we also understand that in a city like Amsterdam, the development of the South Axis, the banks of the IJ and the Southeast are part of much bigger plan. A plan that relates to extremely interesting interventions, whereby Amsterdam, with the mainport Schiphol, will establish itself on the world

map and provide space for a contemporary vision of life, work and culture. In the Netherlands, such area development is not always comparable with how we experience it abroad, often being coupled here with policy problems. The construction of a motorway here can sometimes take 25 years, while in some other countries such developments are finished within 18 months. Why are we at the back of the queue when the focus turns to public transport? The Dutch rail network was adapted for the TGV, 15 years after it was completed in France; traffic jams are worse in the Netherlands than anywhere else. Whenever we talk about legislation, about the future of the Netherlands, a country we want to be proud of, I think that we have to be very conscious of this issue. Politicians need to be willing to take risks. This applies to public transport, but also to education and the tax climate. A country's culture can be seen as a footprint that represents a cross-section of that country's society.

At the request of the client, we developed a strategy for the A-strip in Amsterdam Southeast; an area along the A2 and A10 motorways and the river Amstel with approximately 3.3 million km² of undeveloped land. It is an interesting area, close to the city where we can construct buildings with a density unattainable elsewhere in the Netherlands. In addition, we can also create a green zone within walking distance, which includes waterborne housing on large bodies of water. We are following a strategy that could lead to hybrid urban buildings that will achieve the same intensity as the *Rockefeller Center* in New York.

Binnen Nederland is zo'n gebiedsontwikke-
ling niet altijd vergelijkbaar met hoe we dat
in het buitenland zien gebeuren. Vaak gaat
het in Nederland gepaard met beleidsproble-
men. De aanleg van een autoweg duurt soms
25 jaar, terwijl in sommige andere landen dit
soort ontwikkelingen binnen één of anderhalf jaar gerealiseerd worden. Waarom staat
Nederland achter in de rij, wanneer we over
openbaar vervoer spreken? De TGV bereikt
ons land 15 jaar later dan Frankrijk; De files
zijn in ons land langer dan waar dan ook.
Wanneer we over regelgeving praten, over
de toekomst van Nederland, een land waar
we trots op willen zijn, dan denk ik dat we
ons daar heel erg van bewust moeten zijn. De
politiek moet beslissingen durven nemen. Dat
geldt voor openbaar vervoer, maar ook voor
onderwijs en ons belastingklimaat. De cultuur
van een land lees je als een 'footprint' die een
doorsnede is van een maatschappij.

We hebben op verzoek van de Principaal
een strategie ontwikkeld voor de A-strip
in Amsterdam-Zuidoost; Een gebied langs
de A2, A10 en de Amstel waar ongeveer
3,3 miljoen vierkante kilometer ontwikkeld
zou kunnen worden. Het is een interessant
gebied dicht bij de stad, waar we kunnen
bouwen met dichtheden die we normaal in
Nederland niet bereiken. Daarnaast kunnen
we op loopafstand een groenzone maken
met grote wateroppervlakken, inclusief
waterwoningen. We volgen hier een strategie
die zou kunnen leiden tot hybride stedelijke gebouwen, die de intensiteit halen van
Rockefeller Centre in New York. Niet binnen
de historische stad van Amsterdam, maar in

een nieuw te vormen centrum, als een van de
vele centra die Amsterdam waarschijnlijk de
komende tien jaar zal ontwikkelen. Enkele
honderden meters verder wonen mensen in
grondgebonden woningen met alle voorzieningen binnen handbereik. Het is geen
monoprogrammatische omgeving, maar kent
een woon- en werkklimaat waar naast elkaar
strange conditions ontstaan.

Het museum *NEXT* dat op de Zuidas wordt
gebouwd voor een private opdrachtgever,
grijpt terug op de wijze waarop vóór 1800
kunst in een natuurlijke omgeving midden
in het leven stond. Vanaf de negentiende
eeuw werd het museum langzaam een 'black
box', een kunstmatige omgeving waarin je
zwijgend ronddwaalt in een ruimte waar
kunst wordt verheerlijkt en steeds meer
afstand neemt tot de beschouwer. NEXT is
een museum dat volledig transparant is en
waar kunst en stad een dialoog met elkaar
aangaan. We willen een gestapeld museum
maken met een dubbele glazen huid, waarin
een kunstenaar uitgenodigd wordt om zijn
werk te presenteren. We hopen dat het
museum, in tegenstelling tot de 'black box',
een uitdaging kan zijn om hedendaags werk
tot stand te brengen. Het is een museum dat
in de stad ligt en van waaruit men de stad
kan zien, en omgekeerd kan de stad zien wat
er binnen gebeurt. Het museum kan tevens
galerie zijn of een 'membersclub' waar men
gaat eten en debatteren over kunst.

Toen we de opdracht kregen voor een
woontoren waarin vijftienhonderd mensen
gaan leven vlakbij de Arena in Amsterdam,

Wiel Arets
Architectuurbulletin 05

Not in Amsterdam's historic centre but in one of the many new centres that Amsterdam will probably develop over the next 10 years. Several hundred metres away, people will live in houses with every facility close at hand. It is not a monoprogrammatic environment but rather a living and working climate where *strange conditions* will co-exist.

The *NEXT* museum, which will be built on the South Axis for a private client, harks back to the way in which art in a natural environment occupied a central position in our lives before 1800. From the early 1800s, the museum slowly became a 'black box', an artificial environment in which you silently wandered around in a space where art was glorified and became ever more detached from its audience. NEXT is a museum that is completely transparent and where art and city engage in a dialogue. We want to create a stacked museum with a double glass skin in which the artists are invited to present their work. We hope that the museum, in contrast to the 'black box', will be a challenge to create contemporary artwork. It will be an urban museum that offers visitors views of the city, and, reversely, the city has views of events in the museum. It can also be a gallery or a 'members club' where people can go to eat and debate art.
When we were given the assignment to build a residential tower that is to house 1.500 people close to the Arena in Amsterdam – an area that is currently uninhabited – we firstly developed a concept for a vertical city with green zones and a beautiful smooth skin. I was walking round the location one Sunday morning when, between the existing towers, I was

unpleasantly surprised by the wind that blew round the buildings, upsetting the temperature at ground level. Strangely enough, there is no legislation in the Netherlands relating to wind climate. I nevertheless decided to put our design in a wind tunnel and soon discovered that our concept was unsatisfactory as well. A sketch was immediately made in the laboratory of a tower with a 'rough skin', every floor protruding between 1.6 and 16 metres, 'breaking up' the wind and making it possible to live pleasantly at ground level.

At the moment, the centre of The Hague, around the train station, is undergoing an interesting development. The area is being intensified and new buildings are being sought. Several architecture agencies including Benthem Crouwel Architekten, OMA and Meyer & Van Schooten are involved. We were asked to think about the Anna van Buerenplein and have proposed a building through which a railway bridge passes. A high-level bridge in the city centre is actually very un-Dutch but it is interesting to see the plaza in this way as a large-scale, urban, dynamic space. The building has different programmes, a museum, offices, a hotel and various different living spaces, which are organised in such a way that they influence one another vertically and are interdependent. The 70 metre high building will be a vertical city as it were, a concept that we in the Netherlands, down-to-earth as we are, do not yet know.

Madrid has asked a number of architects to create designs for a social housing development – a phenomenon that Dutch architec-

een gebied waar nog niet gewoond wordt, hebben we in eerste instantie een concept ontwikkeld voor een verticale stad met groen en een mooie gladde huid. Op een zondagochtend liep ik op de locatie rond. Tussen de bestaande torens werd ik zeer onaangenaam verrast door de wind die rondom de gebouwen het begane grond klimaat ernstig verstoorde. Wij kennen vreemd genoeg in Nederland geen wetgeving over het windklimaat. Toch besloot ik ons ontwerp in de windtunnel te plaatsen en ik kwam tot de ontdekking dat ook ons concept niet zou voldoen. In het laboratorium is spontaan een schets ontstaan van een toren met een 'ruwe huid'. Iedere verdieping steekt 1,6 tot 16 meter uit, waardoor de aanwezige wind wordt 'gebroken' en op de begane grond een aangenaam verblijf mogelijk wordt.

De binnenstad van Den Haag, het stationsgebied, maakt op het ogenblik een bijzonder interessante ontwikkeling door. Het gebied wordt geïntensiveerd en er wordt gezocht naar een nieuwe invulling. Een aantal architectenbureaus, waaronder Benthem Crouwel Architekten, OMA en Meyer & Van Schooten zijn daarmee bezig. Aan ons werd gevraagd na te denken over het Anna van Buerenplein. Wij hebben een gebouw voorgesteld waar een treinbrug doorheen schiet. Een brug op niveau is in het centrum eigenlijk on-Nederlands, maar het is interessant om op deze wijze het plein als één grootstedelijke, dynamische ruimte te lezen. Het gebouw kent verschillende programma's, een museum, kantoren, een hotel en verschillende woonvormen, die zo zijn georganiseerd dat ze elkaar in verticale zin beïnvloeden en van elkaar gebruik maken. Het zeventig meter hoge gebouw wordt als het ware een verticale stad, een concept dat we in Nederland, grondgebonden als we zijn, niet kennen.

Madrid heeft een aantal architecten gevraagd ontwerpen te maken voor sociale woningbouw; Een fenomeen dat vooral de Nederlandse architectuur heel lang heeft bepaald. De hele ring van Madrid is volgebouwd met honderdduizenden woningen die niet gerealiseerd zijn in de traditie zoals wij die in veel Nederlandse steden kennen sinds de Woningwet van 1901. We hebben *Pradolongo*, een woonwijk in Madrid, mogen realiseren. Voor de allerlaagste sociale huurprijzen zijn een aantal gebouwen aan een park gesitueerd. Het idee was om het aanwezige park door te trekken. De gebouwen zijn op het park gezet en onderin is een collectieve ruimte gemaakt. Ieder appartement is voorzien van een buitenruimte die groot genoeg is om met acht mensen te kunnen eten. Het opgetilde park is een belangrijke verblijfsplek, zeker in de zomer, maar ook in de winter is het er aangenaam toeven.

Een ander fenomeen dat ik wil aanstippen is het herontwikkelen van cultureel erfgoed. Graz is een mooie historische stad in Oostenrijk. Wanneer je op de Schlossberg staat en naar beneden kijkt, zie je het unieke daklandschap en de locatie waar Kastner & Öhler vanaf 1883 een winkel heeft uitgebreid van één pand tot bijna een heel bouwblok. Het complex is niet meer up to date en de vraag om het geheel onder een nieuw dak onder te

ture in particular has concentrated on for a long time now. The entire ring in Madrid is full of buildings comprising hundreds of thousands of houses that were not built in the same tradition as those in Dutch cities since the introduction of the Housing Act in 1901. We built *Pradolongo*, a residential estate in Madrid, which features several houses available for the lowest possible rental price. The idea was to extend the existing park, on which the buildings were built with a communal area underneath. Every apartment is equipped with an outside area large enough for 8 people to dine comfortably. The elevated park is an important domicile particularly in summer, but it is also a pleasant place to stay in winter.

Another phenomenon that I would like to mention is the redevelopment of cultural heritage. Graz is a beautiful historic city in Austria. When you stand on the Schlossberg and look down, you see a unique landscape of roofs, including Kastner & Öhler, the shop founded in 1883 in a single store that grew into a shopping complex covering an entire block. The complex, however, needed a modern makeover and responding to the request to bring the whole lot under one roof, we more or less emptied out the old building and put in new staircases and two restaurants. The heterogeneous unit is gathered under a single folding glass roof in the same soft ruddy hues as the rest.

I would now like to discuss several examples of interventions in Dutch city centres. We are working on a project to create approximately 2.000 apartments for a target group that want to live in apartments of between 50m² and 60m² in an A1 location in the city. Apartments which will feature our bathroom series *Alessi dOt*, a kitchen and even a table and chairs. A communal entrance and the exclusive interior will provide the feeling of an urban villa, a 'hotel-to-live-your-life'. We have executed this style in the *Bijenkorftoren* in Rotterdam and in a project on the Valkenburgerstraat in Amsterdam. Atop the HEMA in Groningen, we have also thought up a structure in which a small number of patio villas can be built.

The young Dutch company *G-Star* introduced a pair of jeans onto the market 7 years ago and is currently one of the world's market leaders in the youth clothing industry. They have acquired a plot of land along the A10 and we were asked to build their headquarters. It is a 'rough site', a location that reflects what the company wants to be. We have embraced 'roughness', which is more or less the company's trademark, to design a building with four horizontally layered structures that are vertically split with an infrastructure. It is a building in which both the creative centre and the business axis of the company will be housed. Rather than the South Axis, a choice was made to locate the building in a place that is prominent due to the volume of traffic with a 3D profile on the Amstel. A gigantic landscape will be created with vacant spaces comprising open-plan clusters where people can work on products that will be launched within a few months. The fashion industry used to have two seasons: winter and summer. Now, collections are developed all year round and fashion shows follow hot on the heels

brengen, hebben wij opgepakt door het oude gebouw min of meer leeg te vegen en daarin nieuwe trappenhuizen en twee restaurants te pluggen. Het heterogene geheel is samengebracht onder één gevouwen glazen dak in de zachtrode kleur van de daken.

Ik wil nu een aantal voorbeelden bespreken van interventies in Nederlandse binnensteden. We werken aan een project voor een opdrachtgever om in Nederland ongeveer tweeduizend appartementen te realiseren voor een doelgroep die in een appartement van 50 of 60 vierkante meter wil wonen op een A1 locatie in de stad. Het gaat om appartementen waar we de door ons ontworpen badkamerserie *Alessi dOt*, keuken en zelfs stoelen en een tafel in zullen opnemen. Een collectieve entree geeft samen met het exclusieve interieur het gevoel in een stadsvilla, een 'hotel-to-live-your-life', te wonen. We realiseren in dit kader de *Bijenkorftoren* in Rotterdam en een project aan de Valkenburgerstraat in Amsterdam. Bovenop het dak van de HEMA in Groningen hebben we ook een volume gedacht waarbinnen een aantal kleine patiovilla's gerealiseerd kan worden.

De jonge Nederlandse onderneming *G-Star* bracht zeven jaar geleden een spijkerbroek op de markt en is op dit moment één van de wereldleiders op het gebied van kleding voor een jonge doelgroep. Ze heeft een locatie gekocht aan de A 10 en wij mogen daar het hoofdkantoor bouwen. Het gaat om een 'rough site', een locatie die uitstraalt wat de onderneming wil zijn. 'Roughness', min of meer het handelsmerk van G-star, hebben

we omarmd om een gebouw te ontwerpen met vier horizontaal gelaagde volumes die verticaal doorbroken worden met een infrastructuur. Het is een gebouw waarin zowel het creatieve centrum als de zakelijke spil van de onderneming ondergebracht worden. Men heeft niet gekozen voor de Zuidas, maar voor een locatie die prominent is vanwege de verkeersdrukte met een driedimensionaal profiel aan de Amstel. Hier wordt een gigantisch landschap met vides geschapen waar clusters zonder fysieke barrières ontstaan, clusters waar mensen werken aan producten die binnen een paar maanden op de markt komen. Vroeger kende de modewereld twee seizoenen: de winter en de zomer. Nu worden het hele jaar door collecties ontwikkeld en de ene modeshow volgt op de andere in Parijs, New York, Tokio en London.

Ons bureau heeft weinig opdrachten geaccepteerd voor privé woningen, omdat ik dacht dat de vraagstelling niet interessant was. Maar op dit moment zijn we met vijf villa's bezig, waarbij we interessante thema's uitwerken: *Hathouse*, *H'House*, *V'House*, *A'House* en het *JF'House*. Het *Jellyfish House* in Marbella wil ik in dit verband graag bespreken. Aanvankelijk was de opdracht om een bestaande woning te verbouwen, wat gezien de woning en de ligging niet interessant was. Maar tijdens het bezichtigen van de bestaande woning ontstond het idee voor een groot zwembad op het dak. Uiteindelijk hebben we samen met de opdrachtgever een nieuwe locatie gevonden op een stuk grond dat sinds de jaren zestig braak lag. Het uitgangspunt was het realiseren van een zwem-

of one another in Paris, New York, Tokyo and London.

Our agency is not in the habit of accepting assignments for private housing because I always found it uninteresting. However, we are currently designing five villas with five very interesting themes: *Hathouse, H'House, V'House, A'House* and the *JF'House*. And I would like to talk about the *Jellyfish House* in Marbella. Originally, the assignment was to rebuild an existing building, given that neither the building nor the location was particularly interesting. However, during the site visit, we had the idea of placing a large swimming pool on the roof. Eventually, we found a new location in collaboration with the client on a plot that had lain fallow since the 1960s. The starting point was the realisation of a swimming pool on the roof from where the glass floor and walls would provide views of the terrace and kitchen. The client – a Dutchman living in Belgium who also works in the UK and with businesses in Germany – wanted to have a house in Spain to which he could escape now and again. The house focuses on swimming, eating and relaxing in a comfortable climate with sea views. The interaction with other users was a central issue. You can see the terrace whilst swimming and look through the 'jellyfish' window into the kitchen, you can see your children swimming whilst you are cooking or enjoying a glass of red wine on the terrace. The house is laid out under one roof, which is accessible via internal and external staircases. Seven staircases determine the house's internal infrastructure, slow stairs to the dining room in the first floor conservatory

or descending to the guest bedrooms; quick stairs to the kitchen if, for example, the water is boiling. The house alternates between speed and relaxation; a house where the phenomenon of 'happiness' and 'the discussion' are key. We also thought of installing the *Jelly Fish Chair* in the living room, which was designed by Quinze & Milan. The *B'kini Chair*, a reversible reclining chair by Gutzz, has been designed to be placed by the poolside.

I would now like to talk about two projects, a museum and a library, which we have very happily developed with the client. The *Hedge House* in Wijlre was an assignment from an art collector living in a castle in a very beautiful part of the Netherlands who wanted to add a gallery of modern art to his premises. It was a programme that initially ran into problems due to the zoning plan, so we had to 'adopt' the various existing functions – a chicken coop, an orchid garden, an orangery and a storage space for gardening equipment – which allowed us to create the 'storage' for the art underneath. The chickens, seven Barnevelders that can go outside via a ramp, live on the ground floor and are equally as important to the client as the work by Donald Judd that hangs in the gallery, or the *Fallen Tree*, a work by Giuseppe Penone that lies in the adjoining forest within the grounds of the paradisal country estate. It was in these surroundings, with chickens and orchids, and in which a key work by Marlene Dumas hangs, that Alessi documented and published our bathroom series in the book *The Bathing Dutchman.*

bad op een dak vanwaar men door de glazen vloer en wand het terras en de keuken zou kunnen waarnemen. De opdrachtgever – een Nederlander die in België woont, in Duitsland zijn bedrijven heeft en ook in Engeland werkt – wilde in Spanje een woning hebben waar hij af en toe naartoe zou kunnen gaan. De woning is gericht op zwemmen, eten en relaxen in een comfortabel klimaat met zicht op zee. De dialoog met andere gebruikers staat centraal. Je kijkt al zwemmend door het water naar het terras en door het raam met 'jellyfish' naar de keuken, je kunt de kinderen zien zwemmen als je aan het koken bent of een glas rode wijn op het terras voor de woonkamer aan het drinken bent. De woning is georganiseerd onder het dak dat je kunt bereiken via een buiten- en een binnentrap. Zeven trappen bepalen de infrastructuur binnen het huis, langzame trappen als je gaat eten in de serre op de eerste verdieping of wanneer je naar de logeerkamers afdaalt; snelle trappen om de keuken te bereiken als bijvoorbeeld het water kookt. Het is een huis waar snelheid en rust elkaar afwisselen; een huis waar het fenomeen 'happiness' en 'het gesprek' centraal staan. We hebben voor de woonkamer van dit huis de *Jelly Fish Chair* bedacht die door Quinze & Milan op de markt is gebracht. De *B'kini Chair*, een omkeerbare ligstoel gemaakt door Gutzz, is voor naast het zwembad op het dak ontworpen.

Ik wil nu twee projecten bespreken, een museum en een bibliotheek, die met heel veel plezier samen met de opdrachtgever ontwikkeld zijn. Het *Hedge House* in Wijlre was een opdracht van een kunstverzamelaar die in een kasteel woont in een heel mooi gebied in Nederland. Er moest een galerie voor moderne kunst komen. Een programma dat vanwege het bestemmingsplan in eerste instantie op problemen stuitte. De al aanwezige functies, een kippenhok, een orchideeënruimte, een orangerie en een opslagplaats voor tuingereedschappen, hebben we uiteindelijk 'geadopteerd' en daaronder hebben we de 'opslag' voor de kunst gemaakt. De kippen, zeven Barnevelders die naar buiten kunnen lopen via een hellingbaan, wonen op de begane grond. Voor onze opdrachtgever zijn deze kippen even belangrijk als het werk van Donald Judd dat zich in de galerie bevindt of de *Falle Tree*, een werk van Giuseppe Penone in het aangrenzende bos binnen de contouren van het paradijselijke landgoed. In deze omgeving, met de kippen en de orchideeën, en waarin een belangrijk werk van Marlene Dumas hangt, heeft Alessi onze badkamerserie gedocumenteerd en gepubliceerd in het boek *The bathing Dutchman*.

Het tweede gebouw is de universiteitsbibliotheek in Utrecht, een gebouw met twee 'clouds' van in totaal 11.000 vierkante meter, waarin 4,2 miljoen boeken zijn opgenomen, waarvan één boek, *de Psalte*, de waarde overstijgt van de stichtingskosten van het gebouw. De geperforeerde boekendepots waarop de gebruikers hun onderzoek doen, zijn uitkragende ruimten die zich in de labyrintische ruimte bevinden binnen een glazen, gedeeltelijk dubbele huid met een monochrome print. De parkeergarage voor 560 auto's wordt tevens binnen de contouren van deze huid opgenomen en wordt van de

The second building is the university library in Utrecht, a building with two 'clouds' totalling 11.000m², in which 4.2 million books are housed, including one, *the Psalter*, which is more valuable than the cost of developing the building. The perforated book depots in which the users carry out their research are overhanging spaces that are located in a labyrinthine area within a partially double-glazed skin featuring a monochrome print. The car park for 560 cars is included within the contours of this skin and is separated from the main building by a garden that borders on the indispensable café. The photo used for the screen print on the glass is applied as a rubber mould to give the black concrete a 3D surface. The interior and exterior spaces are black, with the exception of the light grey, polished floors, the white tables, the orange counters and sofas. An important aspect of this public building is that the light is carefully filtered and the acoustics are optimised so that, along with the spaciousness, the user is given the feeling that the space within this public programme is also very private. I understand that the library is very popular and that people have even fallen in love within its walls. This environment is also where we presented our series of wash hand basins and toilets called *dOt*.

Finally, I would like to discuss two of our products. We came into contact with Alberto Alessi and Alessandro Mendini when they asked several architects to make a design for a 'Tea & Coffee' series. Historically speaking, the coffee pot and teapot have always consisted of three elements: the container, the spout and the handle. Our design is a rectangular glass object in which the spout and the container are left open. The inside of the container is finished with either Japanese red lacquer or liquid silver. The red or silver cladding is visible from the outside. The four containers for coffee, tea, sugar and milk are housed in the upper part of the object, which can be held like a box. We also used the material – 'artificial glass' – for the manufacture of an LG telephone and a number of other products.

The small rectangular espresso cup with a flat saucer on which the bonbon sits, rather than rolling against the warm cup and melting, is, according to most Italians, the wrong shape. It should, in their opinion, be round. The cup, however, was designed for the Triennale in Milan, on my way back from Tokyo while drinking sideways from a wooden sake cup, and has since been accepted with open arms after it was discovered that it is also possible to drink espresso without an 'ear' if the cup is held properly and the coffee is drunk via the shaped spout.

hoofdmassa gescheiden door een tuin die aan het onontbeerlijke café grenst. De foto die gebruikt is voor de zeefdruk op het glas, is als rubberen mal toegepast om het zwarte beton een driedimensionaal oppervlak te geven. De binnen- en buitenruimte zijn zwart met uitzondering van de lichtgrijze, blinkende vloeren, de witte tafels, de oranje balies en de banken. Belangrijk binnen de context van dit openbare gebouw is dat het licht zorgvuldig gefilterd wordt en de akoestiek optimaal is, zodat samen met de ruimtelijkheid de gebruiker in de gelegenheid gesteld wordt zich 'privé' te voelen binnen dit publieke programma. Ik heb begrepen dat de bibliotheek als heel erg aangenaam wordt ervaren en dat mensen verliefd worden in dit gebouw. In deze omgeving is tevens onze serie wastafels en toiletten, genaamd *dOt* gepresenteerd.

Tot slot wil ik nog twee van onze producten bespreken. We kwamen in contact met Alberto Alessi en Alessandro Mendini, toen zij een aantal architecten vroegen een ontwerp te maken voor een 'Tea & Coffee' serie. De koffie- en theepot hebben historisch gezien altijd drie onderdelen gekend: de container, de schenktuit en het handvat. Ons ontwerp is een glazen rechthoekig volume waarin de schenktuit en de container zijn uitgespaard. De binnenzijde van de container is vervolgens met Japanse rode lak bewerkt of met vloeibaar zilver bekleed. De rode of zilveren bekleding is van buiten zichtbaar. De vier containers voor koffie, thee, suiker en melk zijn ondergebracht aan de bovenkant van de volumes die men als doos kan vasthouden. Het materiaal 'artificial glass' hebben we

vervolgens ook gebruikt voor de productie van een LG telefoon en een aantal andere producten.

Het kleine rechthoekige espressokopje met een vlak schoteltje waarop de bonbon blijft liggen en niet tegen het warme kopje wordt gedrukt en smelt, heeft volgens de meeste Italianen de verkeerde vorm. Het moet volgens hen rond zijn. Het kopje is echter ontworpen voor de Triënnale in Milaan, toen ik net terugvloog uit Tokio en ik diagonaal uit een houten sakekopje dronk. Intussen heeft men het ontwerp omarmd en heeft men ontdekt dat men ook zonder 'oor' een espresso kan drinken, wanneer men het kopje zelf vasthoudt en de koffie via de gevormde tuit opdrinkt.

Jochem Heijmans

Intermezzo

Jochem Heijmans (1973) graduated as an architect from the Amsterdam Academy of Architecture in 2006. He was responsible for every phase of his graduation project, the transformation of a reconstruction shed into a gazebo, including
its realisation. In July 2008, he founded his own agency in Eindhoven: Bureau
Jochem Heijmans, Spatial designers of architecture, objects and interiors.
– www.jochemheijmans.nl

I would like to use my graduation project – a gazebo in Heeswijk – as a means of introduc-ing myself. The project involved transforming an old garden shed into a new gazebo and I was involved in every phase from the idea and design – including the design study – to drawing up the plans and realising them. In the end, some twenty different companies were involved in sponsoring materials, equipment, knowledge and labour. While I am aware of the small scale of the gazebo's design, this project nevertheless displays the added value of the ar-chitect as the director of the building process.

In 2006, I graduated from the Amsterdam Academy of Architecture; in June 2007, I was awarded the Archiprix 2007 for my graduation project, entitled *The Architecture of the Tecton*. Since 1998, I have worked part-time at Meyer & Van Schooten Architecten in Amsterdam, where I have worked on several public-private collaborative constructions (PPP), including the Ministry of Finance in The Hague and the Kromhoutkazerne in Utrecht.
My fascination for the subject began with the materiality and understandability of tectonic

stacking. Together with the programme, the context of the building, or the memory of the location, is the key seed-bed for design research. This is the basis on which a research series is developed and prototypes are made. Design research starts with the documentation of contextual vectors, one of which, taken from a research series from my graduation project, is a window from an existing shed from 1950 – a *reconstruction shed* – where several panes of glass reflect elements in the surrounding space independently. This experi-ment led to a homemade mirror made from loose panes of glass on a dark back plate. This discovery resulted in an analytical model, in which two of the panes were included as 'lost shuttering' in a concrete plate. Later in the design process, this specific application was given a place in the design.
The final stage in this research series consisted of the upscaling of the research models, draw-ing up and producing a 1/1 prototype of a wall construction with glass panes included. The result of the research as a series is a sort of DNA strip containing the most original mate-rial from the 'mirror window'.

Jochem Heijmans

Intermezzo

Jochem Heijmans (1973) studeerde in 2006 af als architect aan de Academie van Bouwkunst in Amsterdam. Zijn afstudeerproject, een transformatie van een wederopbouwschuur in een tuinhuis, heeft hij tot in detail uitgedacht en is ook gerealiseerd. In juli 2008 heeft hij zijn eigen bureau opgericht in Eindhoven: Bureau Jochem Heijmans, Ruimtelijk ontwerpers voor architectuur, object en interieur. – www.jochemheijmans.nl

Aan de hand van mijn afstudeerproject: een tuinhuis in Heeswijk, wil ik mezelf presenteren. Het gaat om de transformatie van een oude schuur naar een nieuw tuinhuis. Ik heb daarbij zelf het hele traject doorlopen: van idee, via ontwerp - en ontwerpend onderzoek - naar detaillering en realisatie. Uiteindelijk zijn er ongeveer twintig bedrijven bij betrokken geweest voor sponsoring van materiaal, materieel, kennis en arbeid. Ik ben me bewust van de geringe omvang van een

ontwerp voor een tuinhuis, toch toont dit project in mijn ogen de meerwaarde van de architect als regisseur van het bouwproces.

In 2006 ben ik afgestudeerd aan de Academie van Bouwkunst in Amsterdam; in juni 2007 kreeg ik voor mijn afstudeerplan, getiteld *Het bouwwerk van de tekton*, de eerste prijs van de *Archiprix 2007*. Sinds 1998 ben ik parttime werkzaam bij Meyer & Van Schooten Architecten in Amsterdam. Daar heb ik onder

andere meegewerkt aan enkele publiek-private samenwerkingsconstructies (PPS), zoals het ministerie van Financiën in Den Haag en de Kromhoutkazerne in Utrecht.

Mijn fascinatie voor het vak begint bij de materialiteit en de navoelbaarheid van tektonische stapeling. Samen met het programma is de context van het gebouw, ofwel het geheugen van de plek, de belangrijkste voedingsbodem voor het ontwerponderzoek. Vanuit deze achtergrond worden onderzoeksreeksen ontwikkeld en komen prototypen tot stand. Het ontwerpend onderzoek start met het documenteren van contextuele dragers. De contextuele drager van één zo'n onderzoeksreeks uit mijn afstudeerproject is een raam van een bestaande schuur uit 1950 – een *wederopbouwschuur* – waar enkele glasvlakken op eigen wijze elementen uit de ruimte rondom weerspiegelen. Dit experiment leidde tot een zelfgemaakte spiegel van losse glasplaten op een donkere achterplaat. Deze bevinding resulteerde in een analytisch model, waarbij twee glasplaten als 'verloren bekisting' zijn opgenomen in een betonnen plaat. Later in het ontwerpproces heeft deze specifieke toepassing een plek gekregen in het ontwerp.

De laatste stappen in deze onderzoeksreeks bestonden uit het opschalen van de onderzoeksmodellen, de detaillering en het maken van een 1 op 1 prototype van een wandconstructie met glasplaten erin verwerkt. Het onderzoeksresultaat als reeks is een soort dna-strip en bevat het meest oorspronkelijke materiaal van het 'spiegelraam'.

Ben van Berkel

Essay 05

Ben van Berkel (1957) graduated as an architect from the Architectural Association School of Architecture in London in 1987. His agency, UNStudio, is primarily interested in organisational models in which architecture, urban planning and infrastructure come together. – www.unstudio.com

One of the most important questions that we have to ask ourselves is what exactly is *The Destiny of Architecture*? It is a question I could refer back to Baudrillard, given that the answer is similar to that given by him when talking about the visual arts. Is it necessary to always judge architecture on its commercial and aesthetic value? At the moment, the primary focus is on the ecological value, the cultural value, etc. Therefore, can we not say that the architecture of today has a new direction and another future?

This makes it an interesting yet difficult question to answer, if only because it is a determinist question. You could answer negatively by saying that architecture is the mother of every ruin. But a positive approach would be that contemporary architecture must communicate and, in its material expression, introduce a communal vision onto our complex and collective existence. At the same time, it must put things into perspective and be accepting. I hope that this has given you a hint of what our work entails because we believe in a form of architecture that helps create an alternative reality.

At UN Studio, we have been interested in the organisation of architecture for many years now. The diagram represents the utilitarian side of an organisation and a more infrastructural form. We use an organisational model, or 'design model' as it is currently known, such as this for different types of projects. One example is a theatre in Graz, which consisted of both the black box music theatre, for which we were required to create flexible spaces, and the foyer-like space that has to form a link between the entrance, the changing rooms and the various auditoria.

Another project is the central railway station in Arnhem. The infrastructural side consisted of the railway station with a link between two bus stations, a station concourse, a bicycle shed and an underground car park. The more utilitarian side is an office building that required a more uniform structure. These projects illustrate that we are not so much concerned with the form but rather with the organisation of the building and with freeing an organisation from every stylistic architectural reference. Therefore, we have to find the language and the architectural form in the

Ben van Berkel

Essay 05

Ben van Berkel (1957) studeerde in 1987 af als architect aan de AA London. Binnen zijn bureau UNStudio bestaat een grote interesse voor organisatie-modellen waarin architectuur, stedenbouw en infrastructuur samenkomen. – www.unstudio.com

The Destiny of Architecture, de bestemming van de architectuur, wat is dat nu precies? Dat is een van de belangrijkste vragen die we onszelf zouden moeten stellen. Het is een vraag die ik zou kunnen doorverwijzen naar Baudrillard. Want je zou een antwoord kunnen geven met vergelijkbare woorden als die van Baudrillard als hij praat over beeldende kunst. Is het wel nodig dat we architectuur altijd beoordelen van de commerciële tot en met de esthetische waarde? Op dit moment gaat het vooral om de ecologische waarde, de culturele waarde, et cetera. Dus is het niet zo dat de architectuur van nu een nieuwe richting heeft en een andere toekomst? Om die reden vind ik dit een interessante, maar wel moeilijk te beantwoorden vraag. Alleen al omdat het een deterministische vraag is. Je zou een negatief antwoord kunnen geven door te zeggen dat architectuur de moeder is van elke ruïne. Maar een positieve benadering is dat de architectuur van nu en morgen moet communiceren en in haar materiële expressie een gemeenschappelijke visie op ons complexe en collectieve bestaan moet opnemen. Tegelijkertijd moet ze relativeren

en omarmen. Hiermee hoop ik ook al een hint te hebben gegeven over de aard van ons werk, want wij geloven in een architectuur die een andere realiteit verder helpt.

Als UN Studio zijn we al jaren geïnteresseerd in de organisatie van de architectuur. De utilitaire kant van een organisatie en een meer infrastructurele vorm zijn in een diagram weer te geven. Zo'n organisatiemodel, of 'design model' zoals we het tegenwoordig noemen, gebruiken we voor verschillende typen projecten. Een voorbeeld is het theater in Graz, waarbij we aan de ene kant te maken hadden met het black box music theater waarvoor we flexibele ruimten moesten realiseren, en aan de andere kant met de foyerachtige ruimte die een verbinding moest vormen tussen de entree, de kleedruimten en de verschillende zalen.
Een andere project is het station in Arnhem. De infrastructurele kant bestaat uit het station met een verbinding tussen twee bus-stations, een stationshal, een fietsenstalling en een ondergrondse parkeergarage. De meer utilitaire kant is een kantoorgebouw dat een

transformative rather than in the aesthetic. In recent years, we have developed a similar idea regarding the use of materials. For the façade of the *Galleria Department Store* in Seoul, for example, we used, as we did for the office building in Arnhem, a uniform grid structure, with, in this case, round glass discs behind which a LED light was placed. This allows the façade to be continually lit with extra lighting and have an ever-changing character. It is a rigid structure that changes continually due to the random specifications. This same theme is also repeated in our urban development work. We no longer believe, for example, in a 'top down' strategy with regard to architecture. We no longer have to say: 'This is a beautiful location. Let's build a wonderful café or hotel here'. We find that it's important to work with a 'bottom up' strategy whereby you respond to how people move within a certain space, and how users can form a programme in a location. In situations where people found it unpleasant to go to the station in the evening, we have introduced, for example, an evening programme that creates social activities on-site. This also involves the instrumentalisation and analysis of mobility, before it is thrown into the cauldron of urban structures.

We find it interesting to look at the different organisational principles and patterns that you find in the classical examples of architecture. It is interesting to note that it would appear that the actual structure of a dome, such as Borromini's, is projected slightly further than the structure itself, resulting in the existence of a virtual space in the dome's construction.

We love working with methods where scale plays a variable role in the architecture. One example of an interactive relationship between the way in which people 'use' a building and the way in which people 'look' at a building, is the office building in Almere. Walking through the inner courtyard, the building changes, as it were, into nine different colours, brought about by the difference in how the light falls on the façade as well as the different sheets in the glass that each filter warmth and light in their own unique way. The building produces reflections of shadows, or 'shadow colours'. At lunchtime, for example, it takes on a yellow or blue hue. The shadow is a continual clock that allows you to observe the building. The façades also provide continual after-images, which provoke thoughts about the building and ensure that you want to look again to re-analyse the images that you have seen.

For the *Galleria Department Store* in Seoul, which was mentioned above and in which the lighting of the glass grid façade produces continual changes that make it a sort of lamp in Seoul city centre, we convinced the client that it was not necessary to light the building with endless advertisements, which would consume energy and create a complex 'fire-building.' Instead, we created a pixelated unit where you get a completely new image in a single gesture that has a far greater impact than the advertising chaos on the building next door.

To reinforce my argument about the need to review how we look at organisational models, I would like to discuss a somewhat

regelmatige structuur nodig had. Deze projecten illustreren dat het niet zozeer gaat om
de vorm, maar veel meer om de organisatie
van het gebouw en ook om het bevrijden van
een organisatie van elke stilistische referentie
aan de architectuur. Dus we moeten de taal,
de vormen van de architectuur, niet zozeer in
het uiterlijk, maar veel meer in het transfor-
matieve zien te vinden.
Hetzelfde idee hebben we de laatste jaren
ontwikkeld voor het materiaalgebruik. Voor
de gevel van de *Galleria Department Store* in
Seoul bijvoorbeeld hebben we, net als bij het
kantooorgebouw bij het station in Arnhem, gebruik gemaakt van een gelijkmatige
gridstructuur, maar nu van ronde glazen disks
waarachter een LED-verlichting geplaatst is.
De gevel kan hierdoor continu extra verlicht
worden en heeft steeds een andere uitstraling. Het is een strakke structuur die door een
vrije invulling continu kan wijzigen.
Hetzelfde thema komt terug in ons stedenbouwkundig werk. Wij geloven bijvoorbeeld
niet meer in een 'top down' strategie als het
gaat om architectuur. We hoeven niet meer
te zeggen: "Dit is een mooie locatie. Laten we
daar een prachtig café of hotel plaatsen." Wij
denken dat het belangrijk is om te werken
met een 'bottom up' strategie, waarbij je
reageert op hoe mensen zich bewegen in
een bepaalde ruimte, en hoe gebruikers op
een locatie een programma kunnen vormen.
Daar waar mensen het niet prettig vonden
om in de avond naar het station toe te gaan,
hebben we bijvoorbeeld een avondprogram-
ma geïntroduceerd dat ter plekke sociale
levendigheid creëert. Ook hierbij gaat het
om het instrumentaliseren en het analyseren

van het thema mobiliteit, alvorens het te
gieten in het vat van een stedenbouwkundige
structuur.

Wij vinden het interessant om te kijken naar
de verschillende organisatieprincipes en patronen die je vindt in de klassieke voorbeelden van de architectuur. Interessant is dat
het lijkt of de werkelijke structuur van een
koepel, zoals van een koepel van Boromini,
iets voorbij de structuur zelf geprojecteerd is,
waardoor er een virtuele ruimte onstaat in de
constructie van de koepel. We werken graag
met dergelijke manieren waarop schaal als
variabele een rol speelt in de architectuur.
Een voorbeeld van een interactieve relatie
tussen de manier waarop men een gebouw
'gebruikt' en de manier waarop men ernaar
'kijkt', is het kantoorgebouw in Almere. Als
je rondloopt in de binnenhof, verandert
het gebouw als het ware in negen kleuren.
Dat komt door het verschil in lichtval op de
gevels, maar ook door de verschillende folies
in het glas, die op verschillende manieren
warmte en licht filteren. Het gebouw brengt
reflecties van schaduwen teweeg, ofwel
'schaduwkleuren'. Op het moment dat
mensen willen gaan lunchen is het bijvoorbeeld: 'een gele tijd', of 'een blauwe tijd'. De
schaduw is een continue klok aan de hand
waarvan je het gebouw kunt waarnemen. De
gevels geven ook continu na-beelden, after
images, die gedachten teweegbrengen over
het gebouw en die ervoor zorgen dat je het
terug wilt zien omdat je die beelden opnieuw
wilt analyseren.
Bij de eerder genoemde *Galleria Department
Store* in Seoul, waar de lichtwerking van

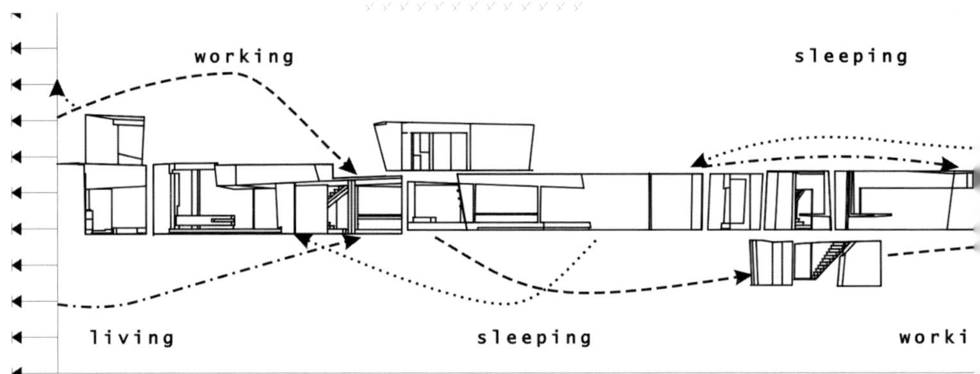

older project: the *Möbius house*, which was a project in which we wanted to create, for the first time, a link between living, sleeping and working in the structure of a scenic quadrant organisation. When people move through the house, they are also continually moving through the landscape. However, there is continuity in the relationship between the landscape and the house and between those who move through the house and the surrounding landscape. Rather than create a dead end in the organisation of the house, we wanted to make a sort of clock in which you can experience the building in one continual movement at various times throughout the day. Despite the complex structure, we introduced a significant level of simplicity by working consistently with three corners of seven, nine and eleven degrees. In contrast to the complexity of the organisation on paper or in the computer, the spaces are experienced as calm and tranquil. It can be compared to the serial music of Boulez or Schönberg; there is

an enormous diversity and 'unfolding' of quality in such music, but due to the repetitive theme, it has a somewhat calming effect at the same time.

This idea of patterns and organisational models that change the organisation of the house is something that we are elaborating on more and more. One of the last projects on which we worked is a building in Japan where the pattern of the floor plan recurs in the details at different levels of scale. In this way, there is not only a relationship between the user or visitor and the building in terms of perspective but also on a kaleidoscopic level as well. The integrated forms surround you when you move through the building. The textures and elements that filter the light are also part of the pattern.

Ole Bouman already referred to the building that we designed for the Mercedes Benz collection in Stuttgart. The organisation was designed using a similar method. You could almost say it was an endless organisation.

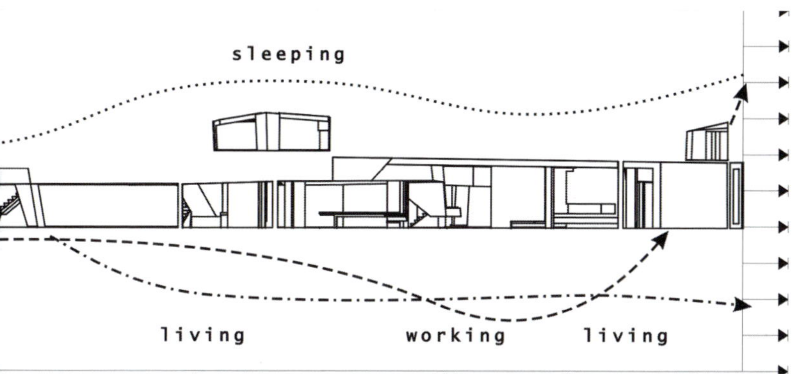

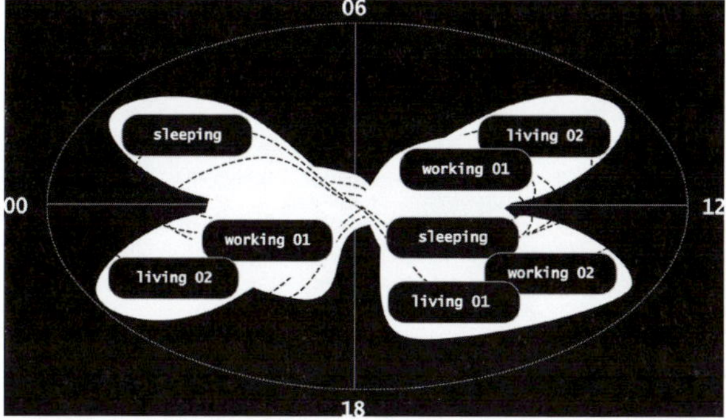

de glazen gridgevel een continue wijziging te- weegbrengt als een soort lamp in de binnen- stad van Seoul, hebben we de opdrachtgever ervan overtuigd, dat het niet nodig is om het gebouw te verlichten met een eindeloze hoe- veelheid reclames. Daarmee zou immers veel energie verloren gaan en tevens een complex 'brand-gebouw' ontstaan. In plaats daarvan hebben we een 'pixelated' geheel gemaakt, waardoor je in één gebaar een totaal nieuw beeld krijgt dat een grotere impact heeft dan de reclamechaos op het gebouw ernaast.

Om mijn redenering hoe opnieuw naar orga- nisatiemodellen te kijken kracht bij te zetten, wil ik een wat ouder project bespreken: het *Möbius huis*. Bij dit project wilden we voor het eerst proberen in de structuur van een landschappelijke kwadrant-organisatie een verbinding te maken tussen wonen, slapen

The building, like the Möbius house, has a motion-like structure, a continual line that we gradually transformed from a plateau to a series of surfaces to a structure, which we then divided into different heights in the organisation of the museum structure that moves in two directions: the route of the collection and the route showing the history of the car, which can be linked at any moment by means of three lifts. The location on the edge of Stuttgart city centre is unique, comprising Mercedes factories, vineyards, the train station and the high speed railway line. The form and organisation of the building are in keeping with the infrastructure of the surrounding area.

We are seeing ever more that new technology is vital in helping architecture to bring about an alternative language that can create a new qualitative, spatial organisation. In that

'Het was een enorme drukte op de bouwplaats van het
Mercedes-Benz Museum. Er was een periode dat er ongeveer
zeshonderd man dag en nacht op de locatie werkten.'

'The building site at the Mercedes-Benz Museum was incredibly
busy, with, at one point, roughly 600 people working day and
night.'
Peri

en werken. Wanneer men door het huis beweegt, is er een continue beweging door het
landschap mogelijk. Maar er is ook sprake van
continuïteit in de relatie tussen het landschap
en het huis en tussen degenen die zich in het
huis en het omringende landschap voortbe-
wegen. In plaats van een 'dood' einde in de
organisatie van het huis wilden we een soort
klok maken waarbinnen je, op verschillende
tijden van de dag, in één continu gebaar het
gebouw kan ervaren. Ondanks de complexe
structuur hebben we een grote eenvoud
geïntroduceerd door consequent te werken
met drie hoeken: zeven, negen en elf graden.
In tegenstelling tot de complexiteit van de
organisatie op papier of in de computer,
worden de ruimtes als kalm en rustig ervaren.
Je zou het kunnen vergelijken met de seriële
muziek van Boulez of Schönberg; er is een
enorme diversiteit en 'unfolding' van kwaliteit te vinden in die muziek, maar doordat
er een repeterend thema in zit, brengt het
tegelijk een soort kalmte teweeg.
Dit idee van patronen en organisatiemodellen
die de organisatie van het huis veranderen, is
iets dat we steeds verder zijn gaan uitwerken.
Een van de laatste projecten die we hebben
ontworpen is een gebouw in Japan waar het
patroon van de plattegrond op verschillende
schaalniveaus in de details terugkomt. Op
deze manier ontstaat er niet alleen in het
perspectief een relatie tussen de gebruiker
of bezoeker en het gebouw, maar ook op een
caleidoscopische manier. De geïntegreerde
vormen bevinden zich boven je, onder je, en
opzij van je, wanneer je je door dit gebouw
beweegt. Ook de texturen en elementen
waarmee het licht wordt gefilterd, maken

deel van uit van de patronen.
Ole Bouman refereerde al aan het gebouw
dat we hebben ontworpen voor de Mercedes
Benz collectie in Stuttgart. De organisatie hiervan is op een vergelijkbare manier
ontworpen. Je zou kunnen spreken van een
organisatie zonder einde. Het gebouw heeft,
net als Möbius huis, een 'loop'-achtige structuur. Het is een continue lijn die we stapsge-
wijs van een plateau, naar een serie vlakken
en vervolgens tot een volume omgevormd
hebben. Dit volume hebben we verdeeld
over verschillende hoogtes in de organisatie
van de museumstructuur die twee richtingen
op beweegt: de route van de collectie en
de route van de geschiedenis van de auto,
die op elk moment met elkaar verbonden
kunnen worden met behulp van drie liften.
De locatie aan de rand van de binnenstad van
Stuttgart is heel bijzonder; er zijn fabrieken
van Mercedes, wijnvelden, het station en de
hogesnelheidslijn. De vorm en organisatie van
het gebouw richten zich op de infrastructuur
van de omgeving.

Waar we steeds meer achterkomen is dat
nieuwe technieken essentieel zijn om de
architectuur verder te helpen, zodat met een
andere taal een andere kwalitatieve, ruimtelijke organisatie tot stand gebracht kan worden. Wat dat betreft verwijs ik soms liever
naar het werk van kunstenaars. Kunstenaars
zijn beter in het ontwikkelen van een nieuwe
vormentaal dan architecten. Niet alleen met
de computer, want ik wil niet zeggen dat
de nieuwe kwaliteiten van onze eigentijdse
gebouwen alleen mogelijk zijn door de
computer. Maar het gaat er wel om waar-

respect, I sometimes refer to the work of artists, who are better at developing new visual languages than architects. And not only with the computer, because I don't want to say that the new qualities of our contemporary buildings are only possible on the computer. But it is about what you use the computer for. For the project in Stuttgart, for example, we had to finish building within 18 months. We used a 3D computer model to communicate with almost two hundred different partners involved in the project. This allowed us to implement 50 to 60 daily changes while keeping everyone up to date at the same time. The computer, therefore, not only allowed us to design the most fantastic forms, but we could also use it as a means of communication.

The building site at the Mercedes-Benz Museum was incredibly busy, with, at one point, roughly 600 people working day and night. In that 18-month period – a period when things were not going so well for the company – there was a desire not only to keep within the budget and adhere to very strict legislation, but also to economise in the whole organisation of the project. In order to achieve this, we split the project into 'large details': continually repeating elements that reoccurred in the organisation of the structure. The 'twist' is a repetitive form and part of the construction, which allowed us to reuse the formwork. All those parametric principles which we were required to administer to bring the different architectural elements together were only possible because we had introduced such a large-scale organisational principle that included a significant measure of inclusive quality.

However, the building, in terms of perception, is very diverse, almost kaleidoscopic. Because spaces are not experienced as individual in the classic fashion, they follow you, as it were, from above, below and the side. It is as if you are walking through different periods in time – the building as a time machine – which is an aspect that we were keen to apply because it involves the recital of history.

Technical, technological and innovative aspects were very important in this project. One aspect that created much discussion was the lack of compartmentalisation. But we were able to eventually convince the inhabitants of the city that the smoke can be dispersed by activating a turbulent wind. At the point where a fire breaks out, smoke can be extracted from the building in a tornado. Everyone was convinced after four successful tests were carried out. The test video was placed in the architecture archive of the building regulations authority in Stuttgart.

The *concrete core activation* that we used in this structure is another example of technology that has helped us to progress. In that respect, our work in Germany has taught us more about sustainability and architecture than all the other locations put together. The spaces are made in such a way that you enter the exhibition via a high podium, from where you can choose which of your favourite cars you would like to see and then simply walk towards it. This is a principle that we would like to apply in more buildings and museums because most museums tend to apply a frontal approach to art rather than choosing an experience that generates different perspectives from different angles, as attempted here.

vóór je de computer gebruikt. Het project in Stuttgart moesten we bijvoorbeeld binnen anderhalf jaar tijd bouwen. We hebben een driedimensionaal computermodel gebruikt om te communiceren met bijna tweehonderd verschillende partijen die bij dit project betrokken waren. Op deze manier konden we elke dag vijftig tot zestig wijzigingen aanbrengen, terwijl toch iedereen hiervan op de hoogte bleef. De computer maakt het dus niet alleen mogelijk de meest fantastische vormen te ontwerpen, maar kan ook worden ingezet als communicatiemiddel.

Het was een enorme drukte op de bouwplaats van het Mercedes-Benz Museum. Er was een periode dat er ongeveer zeshonderd man dag en nacht op de locatie werkten. In die anderhalf jaar tijd – het ging toen niet zo goed met het bedrijf – was er niet alleen de wens om binnen het budget en de hele strikte regelgeving te blijven, maar ook om te bezuinigen in de hele organisatie van het project. Om dat voor elkaar te krijgen hebben we het project opgedeeld in 'grote details': continu herhalende elementen die terugkomen in de organisatie van de structuur. De 'twist' is een repeterende vorm en onderdeel van de constructie, zodat we bekistingen konden hergebruiken bij de bouw van dit project. Al die parametrische principes waarmee we de elementen van de architectuur naar elkaar toe moesten brengen, waren alleen maar mogelijk omdat we zo'n groot organisatieprincipe hadden geïntroduceerd dat sterke inclusieve kwaliteit had. Maar het gebouw is qua beleving toch heel erg divers; bijna caleidoscopisch. Doordat ruimtes

niet op de klassieke manier als afzonderlijk worden ervaren, volgen ze je als het ware van onderen, van boven en van opzij. Het is alsof je door verschillende tijden heen loopt. Dit aspect, dat het gebouw werkt als een tijdmachine, wilden we graag toepassen, omdat het gaat om het vertellen van een geschiedenis. Technische, technologische en innovatieve aspecten waren bij dit project erg belangrijk. Een lastig discussiepunt was bijvoorbeeld het ontbreken van een compartimentalisering. We hebben de inwoners van de stad uiteindelijk ervan kunnen overtuigen, dat de rook kan verdwijnen door een turbulente wind te activeren. Op het moment dat er brand ontstaat kan de rook in een tornado uit het gebouw worden gezogen. Na vier uitgevoerde testen was iedereen overtuigd. De testvideo is opgeslagen in het architectuurarchief van de bouwverordeningsgroep in Stuttgart. De *concrete core activation* die we hebben gebruikt in deze structuur is een ander voorbeeld van techniek dat ons verder heeft gebracht. Wat dat betreft hebben we in Duitsland meer geleerd over duurzaamheid en architectuur dan op andere locaties in de afgelopen jaren. De ruimten zijn zo gemaakt dat je vanuit een hoog podium de tentoonstellingsruimte binnenloopt, daar kun je kiezen welk object je wilt gaan zien en vervolgens kun je naar je favoriete auto toelopen. Dit principe wilden we in meerdere gebouwen en musea toepassen, omdat de meeste musea tenderen naar een frontale benadering van de kunst en niet naar een beleving vanuit verschillende perspectivische hoeken zoals dat hier is uitgeprobeerd. De opdrachtgever was ervan overtuigd dat

The client was convinced that this would attract more visitors, 700.000 a year compared to the 500.000 who came to see the twenty cars in the previous museum. The new museum has some 160 cars and the city's annual visitor numbers have increased by 1 million, who not only visited the museum but also made use of the hotels and facilities that Stuttgart has to offer. This is something that I will return to later, but it is important to see how architecture can form a 'public structure' and how it can operate within its environment.

We have already applied these two themes in a project in America where a client asked that the landscape be reflected as a theme in the house, which became a house with a twist. Every function was designed, as it were, within a hilly structure. The colour of the landscape was reflected in the building as a primitive reference to the surroundings. In something of a meditative, communicative manner, the landscape is continually mirrored in the reflective glazing. We introduced bronze glass, a type of glass that hasn't been used for the last 40 years, but that we were able to find in Canada. The landscape flows almost literally through the house. The twist is also found in the way in which the house moves with the design language of the landscape and in the continual reflection of various stratified images and after-images. It is sometimes hard to tell where the landscape begins and the house ends. This continual form allows you to look through the house diagonally. It is, therefore, a far cry from the modernist model of vertical and horizontal space. It is diagonality, the sort of mobility

that we later used in the *Mercedes Benz Museum* in Stuttgart. This produces an interactive 'communal quality' in the centre of the house where people can meet but from where they can also retreat if so desired. The corners of the house are filled with an often unending series of images due to the reflection, which moves back and forth, giving the house a feeling of tremendous depth. The reflection and mirroring are also repeated in the building materials.

What we are trying to say here is that architecture, in terms of quality and significance, should be such that alternative images can be continually called upon. Another reason why we give this sort of stratified significance to functions is that architecture must refer to a function other than the literal function of the building – for example, the concept of a holiday home. Why is the holiday home seen as a retreat, as escapism, not integrated into the house itself? This duplicate and perhaps virtual, spatial interpretation can be literally found in this installation. When you move through it, there are other corners to be found all the time, with which you can enter into a relationship. Perhaps architecture is both an objet d'art and an object with which to make art at the same time. Architecture must contain a quality that can always recreate an alternative architecture.

The Erasmus bridge is a well-known feature of this city. The project was not self-referential but rather referred to the robust nature of the harbours, the cranes in the harbours and the history of Rotterdam. It's not about the object itself – the bridge, the guy ropes or

er iets meer publiek zou komen dan in het vorige museum, namelijk 700.000 mensen per jaar. Het vorige museum met twintig auto's had ongeveer 500.000 bezoekers per jaar. Nu staan er zo'n honderdzestig auto's in het museum en de stad heeft per jaar één miljoen bezoekers meer, die niet alleen gebruik maken van de musea, maar ook van de hotels en alle voorzieningen die te vinden zijn in Stuttgart. Wat dat betreft, en daar kom ik later op terug, denk ik dat het belangrijk is om te kijken hoe architectuur een 'publieke constructie' kan vormen en hoe ze kan opereren in haar omgeving.

Deze twee thema's hebben we eerder toegepast in een project in Amerika: op verzoek van de opdrachtgever moest het landschap, als thema, in het huis terugkeren. Het is een huis geworden met een 'twist'. Alle functies zijn als het ware in een heuvelachtige structuur ontworpen. De kleur van het landschap komt terug in het gebouw als een primitieve referentie naar de omgeving. In een soort meditatieve, communicatieve manier wordt het landschap continu weerspiegeld in de reflecterende beglazing. We hebben hier bronsglas geïntroduceerd; een glassoort die de laatste veertig jaar niet meer is toegepast, maar die we terug gevonden hebben in Canada. Het landschap vloeit bijna letterlijk door in het huis. De twist zit ook daar waar het huis meebeweegt in de vormentaal van het landschap en in de continue weerspiegeling van allerlei gelaagdheden van beelden en na-beelden. Hierdoor weet je soms niet meer waar het landschap begint en het huis eindigt. In deze continue vorm kun je dia-

gonaal door het huis heen kijken. Het is dus geen modernistisch model van verticale en horizontale ruimtes. Het gaat over diagonaliteit, een soort beweeglijkheid, die we later ook hebben gebruikt in het *Mercedes Benz Museum* in Stuttgart. In het midden van het huis brengt dit een interactieve 'community quality' teweeg waarbij mensen elkaar vaak kunnen treffen, maar zich ook terug kunnen trekken als ze dat willen. In de hoeken van het huis ontstaan door reflectie soms oneindige reeksen beelden, die over elkaar heen bewegen en daardoor enorm veel diepte geven aan het huis. De reflectie en weerspiegeling komen terug in de materialisering van het gebouw.

Wat we hiermee willen zeggen is dat architectuur, als het gaat om de kwaliteit en betekenis, zo zou moeten zijn dat continu andere beelden kunnen worden opgeroepen. Een andere reden waarom we dit soort gelaagde betekenissen aan functies meegeven, is dat architectuur moet verwijzen naar een andere functie dan de letterlijke functie van het gebouw. Dan gaat het bijvoorbeeld over het begrip van een holiday home, een vakantiehuis. Waarom wordt het vakantiehuis als een retreat, als escapisme, niet geïntegreerd in het huis zelf? Die dubbele en misschien virtuele, ruimtelijke lezing is letterlijk terug te vinden in deze installatie. Als je je daarin voortbeweegt, zijn er continu andere hoeken te vinden waarmee je een relatie kunt aangaan. Misschien is architectuur tegelijkertijd een kunstobject én een object waarmee je kunst kunt maken. Architectuur moet een kwaliteit hebben die altijd weer een nieuwe, een andere architectuur kan voortbrengen.

the pylon – but much more about a project that stimulates the further expansion of the Kop van Zuid. At the time, Teun Koolhaas and Riek Bakker had the foresight to realise that such a gesture could produce expansion and turbulence in the surrounding area in a very interesting way. And this, in my opinion, is what architecture is all about. It's more about the relationship that you enter into with the environment than with your own specialism, because clients nowadays – and I realised this when working on the bridge – often have more specialists around them than architects. I am sometimes surprised that when I start a project the first meeting is always attended by all manner of quantity surveyors and other advisors. The architect no longer occupies the primary position for the client, he is no longer the orchestral conductor. We walk through the orchestra and move along with it, which is also why I think the time is right to look for a new method for urban construction.

With reference to Rotterdam, it is possible not to look so much at what we find interest-ing about Rotterdam but to look at the way in which the city is used. We must first analyse who the user groups are and then develop a programme for a particular location. We must ask ourselves how to approach urban development other than with a top down strategy. Perhaps we need to look first at the user groups, the programme, the accessibility and how these different parameters manifest themselves in the city through time. Only then should we think about what the new urban impulses could be that are needed to introduce new models that will produce a new quality for the city.

This is the method we employed to analyse Genoa city centre, where between 1.5 and 2 million visitors a year use the city's passenger terminal, quite apart from the many other events that take place in the harbour area at the edge of the city centre. We discovered that by applying a new programme, user numbers could increase by 1.5 million. We can produce an entirely new activity that strengthens the quality of the city centre, which was something we managed to achieve with the *Mercedes-Benz Museum* in Stuttgart. But is it not time to think up entirely new forms or new architectural language that brings about another means of reflection and communication? That people can find them-selves in the after-images and want to return there so that architecture is created that actu-ally communicates and in that way enters into a relationship with the public?

Het welbekende beeld van de Erasmusbrug in deze stad. Ook dit project refereert niet naar zichzelf, maar naar de robuustheid van de havens, de kranen in de havens en de geschiedenis van Rotterdam. Het gaat niet over het object zelf, de brug, de tuien en de pyloon, maar veel meer over een project dat een stimulans vormde voor de verdere expansie van de Kop van Zuid. Teun Koolhaas en Riek Bakker hebben toentertijd ongelooflijk goed voorzien dat zo'n gebaar op een hele interessante manier expansie en turbulentie teweeg kan brengen in de omgeving. Dát is, denk ik, waar het in de architectuur om gaat. Het is eerder een relatie die je aangaat met je omgeving dan met je specialisme, want opdrachtgevers – en dat merkte ik al toen ik aan de brug werkte – hebben tegenwoordig vaak meer specialisten om zich heen dan architecten. Ik ben soms verbaasd dat, wanneer ik met een project begin, alle kostendeskundigen en andere adviseurs al bij het eerste gesprek aanwezig zijn. De architect staat niet meer op de eerste plaats bij de opdrachtgever, hij staat niet meer 'in front of an orchestra'. We lopen door het orkest heen en bewegen mee met het orkest. Daarom denk ik ook dat er op een nieuwe manier moet worden gekeken naar de stedenbouw.

Refererend aan Rotterdam is het mogelijk om niet zozeer te kijken naar datgene wat we zo interessant vinden aan Rotterdam, maar om te kijken naar de manier waarop de stad gebruikt wordt. We moeten eerst analyseren wie de gebruikersgroepen zijn en daarna een programma ontwikkelen voor een bepaalde locatie. We moeten ons afvragen hoe je stedenbouw, op een andere manier dan met de 'top down' strategie, kunt benaderen. Misschien moet je eerst kijken naar de gebruikersgroepen, het programma, de bereikbaarheid en hoe in de tijd die verschillende parameters zich in de stad manifesteren. Vervolgens moet je pas gaan nadenken over wat de nieuwe impulsen voor de stad kunnen zijn om daarvoor dan nieuwe modellen te introduceren die een nieuwe kwaliteit voor de stad teweeg kunnen brengen.

Op deze manier analyseerden we de binnenstad van Genua, waar bijna anderhalf tot twee miljoen bezoekers per jaar een passagiersterminal gebruiken, nog los gezien van verschillende andere events in de haven aan de rand van de binnenstad. We ontdekten dat met de toevoeging van een nieuw programma daar bijna anderhalf miljoen mensen meer van deze locatie gebruik zouden gaan maken. We kunnen een hele nieuwe activiteit teweegbrengen die de kwaliteit van de binnenstad versterkt, zoals we dat met het *Mercedes-Benz Museum* in Stuttgart wisten te bewerkstelligen.

Maar is het ook niet zo dat we totaal nieuwe vormen of een nieuwe architectonische taal moeten bedenken, zodat er een andere reflectie en communicatie teweeg gebracht wordt? Dat mensen zich in het na-beeld moeten kunnen vinden en daarnaar terug willen komen, zodat je een architectuur maakt die echt communiceert en op die manier een relatie aangaat met het publiek?

Marten de Jong

Intermezzo

Marten de Jong (1973) graduated with honours as an architect from Delft University of Technology in 1999. The social relevance and emotional value of architecture play a significant role in his agency, Emma Architecten, which he founded with Jurg Hertog in 2005. – www.emma-architecten.nl

In 2005, I started the architecture agency Emma together with Jurg Hertog. We began with the ambition of making socially relevant architecture, with the strategy being to build as much as possible without compromising on the meticulous nature of the construction. In this way, social themes, as problems to be solved, would automatically land on our drawing desks via societal assignments.
We began enthusiastically with starry-eyed proposals and designs, completely subservient to ideals that we had been *brainwashed* with as students: architecture based on the work of the masters, especially the modernists, who, armed with a rationally substantiated blueprint for a new, viable society, wanted to build heroic cities and monuments that would improve the world forever. Making something that was merely *beautiful* was taboo in those days.

During our work, it quickly became apparent that those days were gone. The modernist masters operated in a world that had been twice razed to the ground. The idea that tomorrow would be much better than yesterday prevailed. However, these days, we are beleaguered by all sorts of fears concerning oil, war, religion and the environment. The idea that yesterday was much better than tomorrow is, for many people, ingrained. An impossible condition for a designer, given that they do not work for yesterday, but for tomorrow or preferably the day after.

Developers regularly ask: 'Do you also do 30s housing?' To which we steadfastly answer that we will do that again in 22 years' time. Of course, this is an answer that is frowned upon by a man who operates within the rational assessment frameworks that he possesses. So we go in search of the passion for the assignment and try to operate on the basis of emotion outside these rational frameworks against which our designs are tested. Our experience tells us that if you go far enough outside the frameworks with a design, clients are forced to look at it without taking the preconceptions of others into consideration. Then it becomes personal. Even we were surprised by what we were allowed to do!

Marten de Jong

Intermezzo

Marten de Jong (1973) studeerde in 1999 cum laude af als architect aan de TU Delft. Binnen zijn bureau Emma Architecten, dat hij in 2005 samen met Jurg Hertog heeft opgericht, speelt de maatschappelijke relevantie en de gevoelswaarde van architectuur een grote rol. – www.emma-architecten.nl

In 2005 ben ik samen met Jurg Hertog het architectenbureau Emma gestart. We begonnen met de ambitie om maatschappelijk relevante architectuur te maken. De strategie was om zoveel mogelijk te bouwen, maar wel uitgaande van een zorgvuldige vervaardiging. Zo zouden de maatschappelijke thema's via de opdrachten uit de maatschappij automatisch als vraagstuk op onze tekentafel belanden. We gingen geestdriftig aan de slag met wereldverbeterende voorstellen en ontwerpen, helemaal in de lijn met de *brainwash* die wij als student hadden ondergaan: die van architectuur aan de hand van de grote meesters, vooral van het modernisme. Met een rationeel beargumenteerde blauwdruk van een nieuwe, maakbare maatschappij onder de arm wilden zij heroïsche steden en monumenten maken voor een eeuwig verbeterde wereld. Iets maken dat alleen *mooi* was, was taboe in die tijd.

Tijdens ons werk bleek al snel dat de tijden wel degelijk waren veranderd. De modernistische meesters opereerden in een wereld die in korte tijd tot tweemaal toe aan puin geschoten werd. Het idee dat het morgen veel beter is dan gisteren, overheerste. Tegenwoordig worden we echter belaagd door allerlei angsten over olie, oorlog, geloof en milieu. Het idee dat het gisteren beter was dan het morgen zal zijn, zit er stevig in bij de meeste mensen. Een onmogelijke conditie voor een ontwerper, aangezien hij niet werkt aan gisteren, maar aan morgen, of liever nog aan overmorgen.

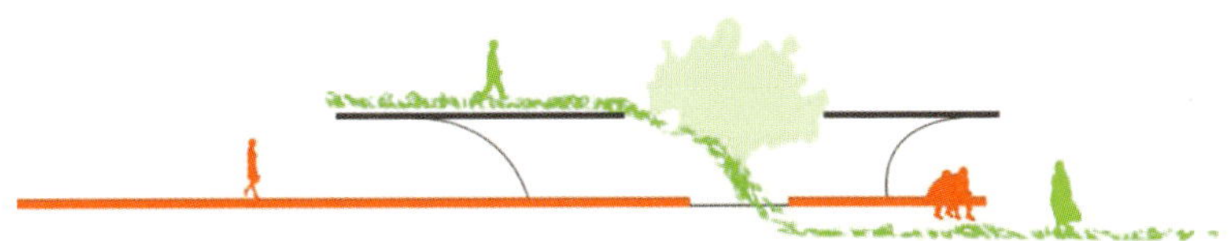

So, as far as we are concerned: get rid of
quantitative concepts and get rid of univer-
sal thoughts. In particular, get rid of all that
mumbo-jumbo about semi-rationality and
pseudo-science. We want to create architecture again about which it is not only possible
to say something and think something, but
with which you can *do* something and, in particular, *feel* something. We are going to create
buildings again that are so *beautiful* they are
bursting at the seams, that are overtly beautiful, and that can grow old beautifully.

Met enige regelmaat vraagt een ontwikkelaar: 'Doet u ook jaren dertig woningen?' Waarop we steevast antwoorden dat we dat over 22 jaar zeker weer gaan doen. Natuurlijk een antwoord waar die man geen genoegen mee kan nemen, binnen de rationele toetsingskaders waarover hij beschikt. Dus gaan we op zoek naar de passie van de opgave en proberen we op basis van emotie buiten die rationele kaders te treden waaraan onze ontwerpen worden getoetst. Onze ervaring is dat als je met het ontwerp ver genoeg buiten de kaders gaat zitten, opdrachtgevers zonder door anderen opgestelde preconcepties naar een ontwerp moeten kijken. Dan wordt het persoonlijk. Het verbaast ons zelf waar ze allemaal ja tegen zeggen!

Dus wat ons betreft: Weg met die kwantitatieve concepten en weg met de universaliteitsgedachte. Vooral weg met dat gegoochel met semi-rationaliteit en halve wetenschap. Wij willen weer architectuur gaan maken waar je niet alleen iets over kunt vertellen en iets bij kan denken, maar waar je iets mee kunt *doen* en vooral iets bij kunt *voelen*. We gaan weer gebouwen maken die uit hun voegen barsten van schoonheid, die heel *mooi* zijn, en die heel mooi oud kunnen worden.

Paviljoen Waterlandplein, Amsterdam, ontwerp 2007

Willem Jan Neutelings

Essay 06

Willem Jan Neutelings (1959) graduated as an architect from Delft University of Technology in 1986. Since 1992, he has worked on projects worldwide with Michiel Riedijk. He animatedly analysed the current state of the architecture profession and provided recommendations for the future.
– www.neutelings-riedijk.com

*

First position: the stretched profession

A couple of years ago, I was invited to be on the jury of student work at Columbia University in New York. It was a hallucinating experience. The motto for the semester was 'the paperless studio' with the primary objective of architecture being described as the ability to avoid using different architectural media. I was submerged in a new jargon between professors and students. It was not only impossible to understand and follow the debate, it was similarly impossible to find a communal language with which we could discuss architecture. None of the terms that are used to describe our 5,000 year old profession could be used to converse with the professors or criticise the students' work. Halfway through the process, I resigned, exhausted. Only several beers on Amsterdam Avenue could help me to process this experience.

The last two decades are unique in the history of humanity. More buildings have been constructed in the last twenty years than were constructed in the previous 5.000. And in all probability, the volume will only increase over the next twenty. It is for this reason striking that in the history of architecture, never have architects said so little about the way in which they design and construct buildings as now. The current debate has shifted to issues that fall outside the scope of architecture, or at least to issues that have no bearing on the influence of the architect. It is a nice trick to further stretch the definition of architecture so that it becomes all-inclusive, allowing you talk about anything. But if you stretch the definition of any subject too far, you are faced with the threat of creating something that no longer has any meaning.

One of the propositions forwarded by Ole Bouman is that in the field, the architect's work is influenced by all sorts of new forces and that this causes the architect's position to change. I am more of the opinion that the architect himself has brought about that change by operating outside his field. In the contemporary debate, the built environment increasingly appears to be a natural phenomenon that we come across but in which we as architects no longer have a share. Terms such

Willem Jan Neutelings

Essay 06

Willem Jan Neutelings (1959) studeerde in 1986 af als architect aan de TU Delft. Sinds 1992 werkt hij samen met Michiel Riedijk wereldwijd aan projecten. Op bevlogen wijze analyseerde hij de huidige staat van het architectenvak en deed hij aanbevelingen voor de toekomst. – www.neutelings-riedijk.com

❋

Eerste positie: het opgerekte vak

Een paar jaar geleden werd ik uitgenodigd voor een jury van studentenwerk op Columbia University in New York. Het was een hallucinante ervaring. Het motto van het semester was 'de papierloze studio'. De vaardigheid om vooral níet de verschillende architectonische media te kunnen hanteren, werd voorgesteld als het hoogste doel in de architectuur. Ik werd ondergedompeld in een new speak tussen professoren en studenten. Het was niet alleen onmogelijk het debat te begrijpen of te volgen, maar ook om gemeenschappelijke woorden te vinden om met elkaar te kunnen spreken over architectuur. Geen enkele van de termen die onze vijfduizend jaar oude professie beschrijven, kon ik gebruiken om met de professoren te discussiëren of het werk van de studenten te bekritiseren. Halverwege de jury ben ik uitgeput opgestapt. Alleen een flink aantal biertjes op Amsterdam Avenue konden helpen om deze ervaring te verwerken.

De afgelopen twee decennia zijn uniek in de geschiedenis van de mensheid. In de laatste twintig jaar is een groter volume gebouwen op aarde neergezet dan in de volledige vijfduizend jaar daarvoor. En naar alle waarschijnlijkheid zal in de komende twintig jaar een nóg groter volume van gebouwen opgetrokken worden dan in die afgelopen twintig jaar. Het is daarom merkwaardig dat in de geschiedenis van de architectuur nooit eerder zo weinig gezegd is door architecten over hoe ze gebouwen ontwerpen en bouwen. Het hedendaagse debat heeft zich verplaatst naar zaken die zich buiten de architectuur afspelen, of tenminste zaken die buiten de invloedssfeer van de architect liggen. Het is een aardige kunstgreep om de definitie van architectuur steeds verder op te rekken, zodat het over alles kan gaan. Dat stelt je in staat om over alles mee te kunnen praten. Maar als je de definitie van een vak te ver oprekt, dan dreig je in je eigen kuil te vallen van een vak dat nergens meer over gaat.

Een van de stellingen van Ole Bouman is dat in het veld allerlei nieuwe krachten inwerken op het werk van de architect en dat daardoor zijn positie veranderd is. Ik zou eerder de stelling innemen dat de architect zelf zijn positie

as *generic architecture* suggest that buildings are no longer drawn by architects but rise under their own steam from the surface of the earth. The debate, therefore, is narrowed to the description of phenomena rather than the critical analysis of our own actions. The architect seems to find himself in a parallel universe. Yet it is not extraterrestrial beings that create our built environment, but our own colleagues, our own students, our own employees. Or even ourselves.

Architects appear to have abandoned the idiom of their own profession. Perhaps in their heart of hearts they no longer wish to be part of that antiquated and lugubrious profession and long for a racier existence as a computer wizard, a trendwatcher or a rock star – professions in which people are respected at 27 rather than 72, the natural age for a respected architect in their prime.

Some architects act as if they are journalists. They show us myriad snapshots of places all over the world and pretend to deduce architecture from them. It seems to me that architects make for poor journalists. They aesthetisise situations they have discovered without assuming a position. A good journalist must register with his public without participating in the action itself, even in a combat zone. But a good architect cannot get away with pure registration alone. He has to participate in the action. After analysis, he has to use his knowledge to solve problems, his skill to improve situations, and his evocative strength to highlight new paths.

Some architects act as if they are scientists. They show us myriad statistics and pretend to distil architecture from them. It seems to me that architects make for poor scientists. They use the data as a smokescreen for their real intentions. A good scientist follows stringent protocols when collecting data, without drawing conclusions in advance. A good architect cannot get away with a summary of data. He has to use his knowledge to analyse situations, his skill to develop new buildings, and his evocative strength to highlight new paths.

Some architects act as if they are computer wizards. They let us believe that their computers create architecture. It seems to me that architects make for poor whiz-kids. It is a mystery why their computers always generate curves and never 90° angles. Perhaps it is the architect who wants it rather than that the software creates it. A good architect does not hide behind a computer. He has to use his knowledge to analyse situations, his skill to develop new designs, and his evocative strength to highlight new paths.

✻

Second position: a deaf-mute profession
In the late 1990s, I taught at Harvard. The theme of my studio was 'Decorative Patterns in Architecture'. In those days, architectural decoration and ornamentation were appearing in a wide range of places all over the world. Even the façades of serious Swiss architects were adorned with flowers and angels. At the same time however, there appeared to be no available vocabulary with which to discuss this with my colleagues. I was surprised

Willem Jan Neutelings
Architectuurbulletin 05

veranderd heeft, doordat hij zich buiten zijn krachtenveld is gaan bewegen. De gebouwde omgeving lijkt in het hedendaagse debat steeds meer een natuurverschijnsel te zijn dat ons overkomt, maar waar we als architecten geen aandeel in hebben. Termen als *generische architectuur* suggereren dat bouwwerken niet door architecten getekend worden, maar als vanzelf uit het oppervlak van de aarde groeien. Het debat is daardoor verengd tot het beschrijven van verschijnselen, in plaats van het kritisch analyseren van onze eigen daden. De architect lijkt zich te bevinden in een parallel universum. Toch zijn het geen buitenaardse wezens die onze gebouwde omgeving verzinnen, maar onze eigen collega's, onze eigen studenten, onze eigen oud-medewerkers. Of misschien wel wij zelf. Architecten lijken het idioom van hun eigen vak niet meer te willen hanteren. Misschien willen ze diep in hun hart liever geen onderdeel zijn van dat oude, trage vak en verlangen ze naar een sneller bestaan als computer wizard, trendwatcher of rockstar. Beroepen waarin men gevierd wordt als 27-jarige, in plaats van als 72-jarige, wat de natuurlijke leeftijd is van een gerespecteerde architect op de piek van zijn roem.

Sommige architecten doen alsof zij journalist zijn. Zij tonen ons stapels kiekjes van allerlei plekken op de wereld en pretenderen daaruit architectuur te deduceren. Het lijkt me dat architecten matige journalisten zijn. Zij esthetiseren gevonden situaties, zonder een positie in te nemen. Een goede journalist moet registreren, zonder zelf aan de actie deel te nemen, zelfs als hij midden in een oorlogszone zit. Maar een goede architect kan niet wegkomen met pure registratie alleen. Hij moet aan de actie deelnemen. Na de analyse moet hij zijn kennis inzetten om problemen op te lossen, zijn kunde gebruiken om situaties te verbeteren, zijn evocatieve kracht inzetten om nieuwe wegen te tonen.

Sommige architecten doen alsof ze wetenschappers zijn. Ze tonen ons stapels statistieken en pretenderen daaruit architectuur te destilleren. Het lijkt me dat architecten matige wetenschappers zijn. Ze gebruiken de data als een rookgordijn voor hun echte intenties. Een goede wetenschapper volgt strikte protocollen bij het verzamelen van data, zonder vooraf de conclusie al te kennen. Een goede architect kan niet wegkomen met het opsommen van data alleen. Hij moet zijn kennis gebruiken om situaties te analyseren, zijn kunde gebruiken om nieuwe gebouwen te ontwikkelen, zijn evocatieve kracht inzetten om nieuwe wegen te tonen.

Sommige architecten doen alsof ze computer wizards zijn. Ze laten ons geloven dat hun computers architectuur maken. Het lijkt me dat architecten matige wiz kids zijn. Het is een raadsel waarom hun computers altijd curven genereren, en nooit eens een negentig graden hoek. Misschien is het toch niet de software, maar gewoon de architect zelf die dat graag wil. Een goede architect verschuilt zich niet achter een computer. Hij moet zijn kennis gebruiken om situaties te analyseren, zijn kunde gebruiken om ontwerpen te ontwikkelen, zijn evocatieve kracht inzetten om nieuwe wegen te tonen.

at the taboo surrounding something as rudimentary as decorative patterns. Like sex in the 1950s – everybody was at it, but nobody was talking about it. No words were available to describe this simple architectural act. At the beginning of the semester, it was difficult to discuss this basic architectural theme with the students, but by the time their final assessment was due, the atmosphere had turned Pentecostal and the students were speaking in happy tongues about the subject, even exchanging their black t-shirts for flowery shirts as a sign of their newfound delight in the subject.

The contemporary debate in architecture is hindered by a lack of trust in the field and in the possibilities that exist within it. Serious content-related language and a collective base with which to discuss the usefulness of design is vaporised in rhetoric and slogans that only serve to conceal and offer us no opportunity to discuss our work in an open and delicate manner. The title of this symposium, *Architecture 2.0,* is a prime example: architecture is apparently a kind of retrograde software that has to be upgraded on a regular basis. A communal language that came forth from architecture itself has been replaced by terminology borrowed from other fields that was never intended to describe architectural phenomena. Words such as *fluid, sexy* or *virtual* are useless in describing architecture. Buildings do not flow, they have no gender and cannot by definition be virtual.

Over the last century, architects have steadily renounced their own profession like some autistic St. Peter who fails to hear the crowing of public disdain. They have feverishly sought

the new and the original *outside* architecture rather than *within* it. At the beginning of the 20th century, architects spoke about '*machines à habiter*' and endeavoured to create buildings that resembled boats, aeroplanes or automobiles as if they would sail, fly or drive on willpower alone. At the end of the 20th century, architects spoke about 'rhizomes', 'parasites' or 'viruses' when relating to their buildings, as if they could grow, spread or multiply on willpower alone. Buildings are heavy, cumbersome objects that stand inert on the surface of the earth and are governed by the laws of gravity. They have been such for the last 5.000 years, they were such for the last twenty years and they will continue to be such for the next twenty years.

In every profession, the lack of a communal language is a serious problem. This also applies to architecture. If everyone continues to introduce new terminology, or use terms that have no relevance to architecture, if we have no communal language with which to discuss architecture, it will become impossible to speak to one another about the profession. If it becomes impossible to speak to one another about the profession, it will become impossible to criticise each other's work. And if it becomes impossible to criticise each other's work, then the profession will die. It will die because the inability to discuss it will result in our inability to judge it. And if we are unable to judge it, anything is possible. And if anything is possible, it is no longer a profession.

*

Tweede positie: een doofstomme professie

Eind jaren negentig gaf ik les op Harvard. Het thema van mijn studio was: 'Decorative Patterns in Architecture'. In die tijd kon je op de meest uiteenlopende plekken in de wereld decoratie en ornament weer in de architectuur zien verschijnen. Zelfs op de gevels van serieuze Zwitserse architecten prijkten plots bloemen en engelen. Tegelijkertijd leek er helemaal geen vocabulaire beschikbaar te zijn om hierover met collega's te spreken. Het verbaasde me wat een taboe het was om over zoiets basaals als decoratieve patronen te praten. Het was als seks in de jaren vijftig: Iedereen deed het, maar niemand sprak erover. Er bestonden geen woorden om deze simpele architectonische daad te beschrijven. In het begin van het semester was het lastig om met de studenten over dit eenvoudige architectonische thema te spreken. Maar bij de eindbeoordeling werd het een Pinksterachtige bijeenkomst waar de studenten in vrolijke tongen spraken over het onderwerp. Ze hadden zelfs voor de gelegenheid hun zwarte T-shirts vervangen door gebloemde hemden, als een teken van hun nieuwe plezier in het vak.

Het contemporaine debat in de architectuur wordt gehinderd door een gebrek aan vertrouwen in het eigen vakgebied en haar eigen mogelijkheden. Een serieuze vakinhoudelijke taal en gemeenschappelijke basis om de zin van ontwerpen te bespreken is verdampt in retorica en slogans die slechts verhullen en geen mogelijkheid meer bieden om op een open en kwetsbare manier te discussiëren over ons werk. De titel van dit symposium, *Architectuur 2.0* is hiervan een uitstekende illustratie: kennelijk is architectuur een soort slechte software, die je om de zoveel tijd moet upgraden. Een gemeenschappelijke taal die uit de architectuur zelf komt is vervangen door geleende termen uit andere vakgebieden, die nooit bedoeld waren om fenomenen in de architectuur te beschrijven. Woorden als *fluid*, *sexy* of *virtual* zijn zinloos om architectuur te beschrijven. Gebouwen vloeien niet, gebouwen hebben geen geslacht, gebouwen kunnen per definitie niet virtueel zijn.

Al een eeuw lang hebben architecten hun eigen vak steeds weer verloochend, als autistische Sint-Pieters die de luid kraaiende haan van het publieke misprijzen niet horen. Koortsachtig zoeken ze naar het nieuwe en het originele *buiten* de architectuur, in plaats van er *binnen*. In het begin van de twintigste eeuw spraken architecten over 'machines à habiter' en trachtten zij gebouwen te maken die op boten, vliegtuigen of auto's leken. Alsof gebouwen op wilskracht zouden vliegen, varen of rijden. Aan het eind van de twintigste eeuw spraken architecten over 'rizomen', 'parasieten' of 'virussen' als zij hun gebouwen bedoelden. Alsof gebouwen op wilskracht zouden groeien, zich verspreiden of vermeerderen. Gebouwen zijn zware, lompe objecten die inert op het oppervlak van de aarde staan en gehoorzamen aan de wetten van de zwaartekracht. Dat deden ze de laatste vijfduizend jaar, dat deden ze de afgelopen twintig jaar, en dat zullen ze ook de volgende twintig jaar nog blijven doen. In ieder vak is het gebrek aan een gezamenlijke taal een ernstig probleem. Dat geldt ook

Third position: a profession of knowledge,
skill and evocation

*In the office, we recently discussed a project in
which we wanted to use a spiral as the primary
form, explaining the mathematical principles of
the spiral to two young colleagues. We suggested
that they look at Borromini as a source of reference. After lunch, the first employee reported in
again. With a look of defeat, she informed us that
it would be impossible to design such a building
because our computer programmes could not
support spirals. The second employee then came
back and enthusiastically announced that he had
googled Borromini and that he now fully understood the concept: Borromini is a brand of Italian
shoes that have beautiful curves!*

The work of an architect, the design and
construction, can be described as a quest, a
journey of discovery without a map where
only the place of departure is known, and the
destination uncertain. Will we discover the
western route to India? Or will we discover a
new continent? Knowledge, skill and evocation are required to successfully complete
the journey. Knowledge, skill and evocation:
designing is rooted in the synthesis of these
three poles. They are powerful, sometimes
difficult to distinguish, but together as
vital as the strands in a rope. The first two
– knowledge and skill – are essential qualities
in undertaking such a journey. Knowledge
of the weather and the stars to be able to
navigate, and skill to be able to control the
sails and rudder movements that keep the ship
on course. Lastly, evocation is vital in creating
the concept that it is possible to reach India

in the first place without falling off the edge
of the world.

The first modernists, educated in the 19th-
century Beaux-arts tradition, were convinced
of this. Regardless of how innovative Mies
van der Rohe's skyscraper projects were in the
1920s, they could be understood in contemporary architectural terms. They were rooted
in 5.000-year old architectural history and
not driven by external forces. In Mies' work,
knowledge, skill and evocation are all present:
the control of materials and details display
his substantial skill; the control of proportions and composition display his substantial
knowledge; the astonishing charcoal drawings
display substantial evocative strength.
I mourn the fact that knowledge, skill and
evocation have been eroded as the core of
our profession. Yet if you look closely at the
work of a good architect, you can presume
that they all still apply them even if the
architect doesn't want to mention them.
Rhetoric in the public domain would appear
to have carefully concealed the design instruments that are applied in the privacy of the
architects' studio. Critics and students alike
are being misled. The younger generation is
the victim of this *double speak*. They think that
knowledge is something that you can google,
skill is an AutoCAD application and evocation
is the ability to operate Photoshop.

Perhaps this *double speak* is the reason behind Ole Bouman's observation that a new
generation of architects has not yet broken
through. My generation learnt the profession
in the 1970s through the traditional methods

Willem Jan Neutelings
Architectuurbulletin 05

voor de architectuur. Als iedereen steeds weer nieuwe termen lanceert, of termen gebruikt die geen betekenis hebben binnen de architectuur, als we geen gemeenschappelijke taal hebben om over architectuur te spreken, dan wordt het onmogelijk om met elkaar over het vak te spreken. Als het onmogelijk wordt om met elkaar over het vak te spreken, dan wordt het onmogelijk om elkanders werk te bekritiseren. En als het onmogelijk wordt elkanders werk te bekritiseren, dan sterft uiteindelijk ons vak. Het sterft, want als je niet over het vak kan praten, kan je ook geen oordelen geven. Als je geen oordelen kan geven, dan kan alles. En als alles kan, dan is het geen vak meer.

*

Derde positie: een vak van kennis, kunde en evocatie

Onlangs bespraken we binnen ons bureau een project waarin we een spiraal als hoofdvorm wilden toepassen. We legden twee jonge medewerkers de wiskundige principes van een spiraal uit. We suggereerden hen Borromini eens te bekijken als een referentie voor spiralen. Na de lunch meldde de eerste medewerker zich opnieuw bij ons. Sip kijkend vertelde ze ons dat we zo'n gebouw onmogelijk konden ontwerpen, omdat onze computerprogramma's geen spiralen zouden ondersteunen. Vervolgens kwam de tweede medewerker terug, vol enthousiasme. Hij vertelde ons dat hij Borromini 'ge-googled' had en dat het concept nu helemaal begreep: het was een merk Italiaanse schoenen met prachtige curven!

Het werk van een architect, het ontwerpen en bouwen, kan beschreven worden als een queeste, een ontdekkingsreis zonder landkaart, waarbij alleen de plaats van vertrek bekend is, maar de plaats van aankomst onzeker. Zullen we de westelijke route naar India ontdekken, of een nieuw continent? Kennis, kunde en evocatie zijn noodzakelijk om deze reis tot een goed einde te brengen. Kennis, kunde en evocatie: ontwerpen draait om de synthese van deze drie polen. Ze zijn krachtig, soms moeilijk van elkaar te onderscheiden, maar samen zo onontbeerlijk als de strengen in een touw. De eerste twee, kennis en kunde, zijn essentiële kwaliteiten om de reis te ondernemen. Kennis van het weer en van de sterren om te kunnen navigeren, kunde om de zeilstanden en roerbewegingen te beheersen die het schip vaart laten houden. Evocatie tenslotte is onontbeerlijk om het concept te creëren dat je India zou kunnen bereiken zonder van de rand van de aarde te vallen.

De eerste modernisten, die nog opgeleid waren in de negentiende eeuwse beaux-arts traditie, waren hiervan doordrongen. Hoe vernieuwend de vroege wolkenkrabberprojecten van Mies van der Rohe in de jaren twintig ook waren, ze konden nog steeds begrepen worden in architectonische termen. Ze waren verankerd in vijfduizend jaar architectuurgeschiedenis, en niet gedreven door krachten daar buiten. In het werk van Mies is kennis, kunde en evocatie alom aanwezig: De beheersing van materialen en details toont zijn grote kunde; de beheersing van proporties en compositie toont zijn grote kennis; de verbluffende houtskooltekeningen tonen grote evocatieve kracht.

employed by the second generation Modernists. In secret, my generation still utilises these traditional means – I recently saw a photograph of a wonderful traditional project in Tokyo by MVRDV and it looked just like a genuine Bakema! In the 1990s however, my generation created a completely different story. The younger generation have probably been unlucky in that they are the first generation in history to which the instruments used to practice our profession and the grammar required to talk about it have no longer been handed down.

*

Fourth position: unsolved problems

Five years ago, we won the contract to design the new building for the Shipping and Transport College on the Lloyd pier in Rotterdam. In our naive belief in the soundness of our profession, we went to the city's urban planning department to ask about which urban planning regulations applied to this pier. We were informed that there was no urban development plan for this area. We asked how it was possible that an urban planning department had no urban plan. They told us that the department had not drawn up a plan for this area because they had not been assigned to do so by the Land department. We were so surprised, we almost fell off our chairs! The department proposed solving the problem by issuing our office with a paid assignment to design an urban plan for the Lloyd pier ourselves, which would ensure that our building would fit within the urban planning context. We were happy to acquiesce in order to prescribe a 90-metre high building in the location. To prevent us from seeming too demanding however, we eventually plumped for only 70 metres. Four years later, the department hired the conference facilities on the top floor of the new Shipping and Transport College for a meeting, where the director of the department told me himself that this peculiar principle had become standard policy and that the urban planning department were to no longer design any urban plans. The market itself would come up with a good idea that would then be declared an urban plan by the department. It was lucky we were 70 metres up in a cantilever otherwise I would have the felt the ground give way beneath my feet.

This anecdote is also a symptom of the same phenomenon: Don't bother with your own profession and pretend that you have another one. Design on the basis of random external influences that present themselves as natural phenomena. Tell indistinct stories, saying that the world has become too complex. Act dumb by saying that the essence of your profession is to capture natural phenomena. Not so very long ago, urban planning consisted of drawing workable urban plans. In the days of Witteveen or Van Eesteren, you simply put four men in white coats into a studio and three months later you had an urban plan that would last for fifty years. We are continually being told that this is no longer possible. 'Times have changed, sir, everything is so dynamic that nothing can be pinned down anymore.' This, of course, is nonsense because if it were true neither New York nor Barcelona could have functioned in these days. Which is why my advice to Rotterdam is very simple: draw up an urban plan! Not a report with screeds of text and neologisms, but a simple lay-out with constructions heights, street

Ik betreur het dat kennis, kunde en evocatie als kern van ons vak zijn geërodeerd. Hoewel, als je naar het werk van goede architecten kijkt, kan je vermoeden dat ze het allemaal toepassen, maar er niet over praten. De retoriek op de publieke tribune lijkt het ontwerpinstrumentarium dat in de beslotenheid van de architectenstudio wordt toegepast, zorgvuldig te verbergen. Critici en studenten worden zo op het verkeerde been gezet. De jongere generatie is het slachtoffer van deze *double speak*. Ze denken dat kennis iets is dat je 'googled', kunde iets is dat autocad voor je doet en evocatie zoveel is als het beheersen van photoshop.

Misschien is deze *double speak* wel de reden van de observatie van Ole Bouman dat een nieuwe generatie niet is doorgebroken. Mijn generatie heeft in de jaren zeventig het vak nog ambachtelijk geleerd van de tweede generatie modernisten. In het geheim oefent mijn generatie het vak ook nog ambachtelijk uit. – Zo zag ik gisteren nog een foto van een prachtig ambachtelijk project van MVRDV in Tokio, het leek warempel net een echte Bakema! – In de jaren negentig is er door mijn generatie echter een heel ander verhaal opgehangen. De jonge generatie heeft waarschijnlijk de pech gehad dat zij de eerste generatie in de geschiedenis is, waaraan het instrumentarium om ons vak uit te oefenen en de grammatica om over ons vak te spreken, niet meer is overgedragen.

*

Vierde positie: onopgeloste problemen
Vijf jaar geleden kregen we de opdracht om een

nieuw gebouw voor het Scheepvaart- en Transportcollege te bouwen op de Lloydpier in Rotterdam. In onze naïeve overtuiging van de degelijkheid van ons vak gingen we naar de Stedenbouwkundige Dienst van deze stad. We informeerden welke stedenbouwkundige regels op deze pier golden. Het antwoord was dat er geen stedenbouwkundig plan voor dit gebied was. We vroegen hoe het kon dat een Stedenbouwkundige Dienst geen stedenbouwkundig plan had. Het antwoord was dat de Dienst geen plan voor dit gebied had gemaakt omdat de afdeling Grondzaken hun hiervoor nooit een opdracht had gegeven. Wij vielen van onze stoel van verbazing! De Dienst stelde voor om dit probleem op te lossen door ons bureau een betaalde opdracht te geven om zelf een stedenbouwkundig plan te ontwerpen voor de Lloydpier. Dan zou ons gebouw zeker binnen de stedenbouwkundige context passen. We hebben er dankbaar gebruik van gemaakt om op deze plek negentig meter bouwhoogte voor te schrijven. Om niet al te hebberig te lijken hebben we er uiteindelijk maar zeventig meter van gebruikt. Vier jaar later had de Dienst de congreszaal op de top van het pas opgeleverde Scheepvaartcollege afgehuurd voor een bijeenkomst. Daar hoorde ik uit de mond van de directeur van de Dienst dat dit merkwaardige principe intussen tot staand beleid was verheven. De Dienst Stedenbouw moest vooral geen plannen meer ontwerpen. De markt zou vanzelf wel met een goed idee aan komen zetten, dat vervolgens door de Dienst tot stedenbouwkundig plan zou worden verklaard. Het is dat we op zeventig meter hoogte in een uitkraging zaten, anders had ik de grond onder mijn voeten voelen wegzakken.

profiles and building lines.

In the same way that architecture is no longer spoken about in architectural terms, so urban planning is no longer spoken about in urban planning terms. Rather than practising the profession as a means of creating spatial compositions in which life can function, urban planning is now understood to mean the inescapable result of socio-economic powers that only have to be established by the planner. This is what happens when some of my colleagues contend that urban planning consists of entering as much data as possible into the computer, after which a computer programme spits out an urban plan automatically. This, of course, is the complete opposite. An urban plan is a spatial framework to which data that is currently unknown can be continually added over time.

In addition to the urban plan, you now have the so-called *master plan*, the urban plan's more sophisticated sibling that is not drawn up by a mere architect but by a *master architect*. We are currently working on different triangular and trapezoidal buildings that will be constructed at artificial surface levels with a car park underneath, which is being developed by a third party and features an awkward columnar plan. We are not doing it because as architects we want to design such peculiarly shaped buildings. On the contrary, we would much rather work on rectangular buildings that are simply built at surface level. We do it because the master architect came up with it and forced it upon us. The result is that almost every plan is either suspended or threatened with cancellation because the master plan causes inherent financial, technical and organisational problems.

The urban plan has become an intricate tangle of problems that are passed on to the architect, who in turn is expected to solve them at the behest of the Municipal Executive Committee. Urban planning was once intended as a means of solving spatial problems, not creating them. Urban planning lasted for generations and was meant to withstand every economic or social change, no matter how dramatic, rather than be redesigned and revised at the drop of a hat. Like architecture, urban planning is also a profession based on knowledge, skill and evocation. Urban planning in the future must once again become a profession that solves problems and that plots efficient lines within which the architect can design buildings simply.

✻

Fifth position: a profession of bulk and background

Humans sleep for approximately one-third of their lives and, in most cases, use a bedroom and a bed. Since the average human body has not significantly changed in terms of size over the centuries, the average bed has remained the same for time immemorial – approximately 2 metres long and 80 centimetres wide. It is not because the contemporary human being gathers more air miles, surfs more gigabytes or spends more time abroad that the architectural assignment relating to the bed or the hotel room has changed dramatically. Some three years ago I discovered that every hotel room in the world suddenly had an architectural innovation: a square hole in the wall, measuring a

Willem Jan Neutelings
Architectuurbulletin 05

Ook deze anekdote is een symptoom van hetzelfde verschijnsel: hou je vooral niet bezig met je vak, maar doe alsof je een ander vak hebt. Onderwerp je aan willekeurige externe invloeden, die zich als natuurverschijnselen aandienen. Houd onduidelijke verhalen, zeg dat de wereld te complex is geworden. Doe alsof je neus bloedt door te zeggen dat het vastleggen van natuurverschijnselen nu juist de essentie van je vak is. Nog niet zo lang geleden bestond het vak stedenbouw uit het tekenen van werkbare stadsplannen. In de tijd van Witteveen of Van Eesteren zette je gewoon vier heren in witte stofjassen in een atelier. Drie maanden later had je een stedenbouwkundig plan waarmee je vijftig jaar vooruit kon. Van alle kanten wordt ons wijs gemaakt dat zoiets nu niet meer zou kunnen. 'De tijden zijn zo veranderd, meneer, alles is zo dynamisch dat je niets meer kan vastleggen.' Natuurlijk is dat onzin. Dan zou New York of Barcelona in deze tijd ook niet meer kunnen functioneren. Mijn advies aan Rotterdam is daarom heel eenvoudig: teken eens een stedenbouwkundig plan! Niet zo'n rapport met veel tekst en neologismen, maar gewoon een plattegrond met bouwhoogtes, straatprofielen, opstanden en rooilijnen.

Zoals architectuur tegenwoordig niet meer besproken wordt in architectonische termen, zo wordt ook stedenbouw niet meer besproken in stedenbouwkundige termen. In plaats van het vak te beoefenen als het maken van ruimtelijke composities, waarbinnen het leven kan functioneren, wordt stedenbouw nu begrepen als het onvermijdelijke resultaat van socio-economische krachten die door de stedenbouwer slechts vastgelegd hoeven te worden. Dat krijg je ervan als sommige van mijn collega's beweren dat stedenbouw erin bestaat om zoveel mogelijk data in je computerprogramma in te voeren, waarna het computerprogramma er automatisch een stedenbouwkundig plan van maakt. Dat is natuurlijk een volstrekte omkering. Een stedenbouwkundig plan is een ruimtelijk kader, dat zich over de jaren heen kan vullen met data die vandaag nog niet bekend zijn.

Naast het stedenbouwkundig plan heb je tegenwoordig ook nog het zogenaamde *masterplan*. Dit sjieke broertje wordt zo genoemd omdat het niet door een ordinaire stedenbouwer is gemaakt, maar door een *meester-architect*. Op dit moment werken wij aan verschillende driehoekige en trapeziumvormige gebouwen, die op kunstmatige maaiveldhoogten staan met daaronder een parkeergarage, die door een derde partij met onhandige kolomstramienen wordt ontwikkeld. Wij doen dit niet omdat wij als architect graag zulke vreemd gevormde gebouwen ontwerpen. Integendeel, wij werken veel liever aan rechthoekige gebouwen die gewoon op het maaiveld staan. We doen dit omdat de meester-architecten het op die manier verzonnen hebben en deze vormwil als supervisor met geweld aan ons opleggen. Het resultaat is dat vrijwel al deze plannen stil liggen of dreigen niet door te gaan, omdat het masterplan inherente financiële, technische en organisatorische problemen veroorzaakt.

Het stedenbouwkundig ontwerp is een onontwarbaar kluwen van problemen geworden

*standard size of exactly 1cm by 1cm, a so-called
data socket. This shocking, innovative architectural hole has since been plugged up given the
invention of wireless internet. A hotel room looks
much the same as it did 100 years ago, save for
the internet-surfing, foreign architect.*

Ole Bouman's proposition is that we are
currently faced with a new problem that
urgently demands a new architecture. While
it is true that a problem exists that has never
presented itself to us on such a scale before,
in terms of content, it is the same old problem
that prompted the rise of architecture 5.000
years ago: the creation of a comfortable living
space.
Even if the problem were a new one, it is
a fallacy to think that this necessitates a
new architectural instrument, or that this
would create a new architecture, or that the
role of the architect needs to change. New
technology does not necessarily lead to new
architectural arrangements. What is the difference between a 19th-century sweatshop
and 20th-century call-centre? The sweatshop
was filled with rows of people sitting under
a ceiling that was too low staring vacantly at
a pulsating sewing machine, while the call-
centre of today is filled with rows of people
sitting under a ceiling that is too low staring
vacantly at a buzzing computer screen. Not
exactly an architectural innovation and definitely not a recommendation for the hundreds
of architects who, in the course of a century,
apparently failed to raise the standards of the
basic provisions required for everyday life.

The key problem faced by architects and
urban planners today is, in my opinion, urbanisation and, by extension, sustainable development. This means that the most important
assignments are not to design megalomaniacal
monuments for the new Sun Kings of the
world in Dubai or Beijing. The most important
assignment over the next twenty years will be
to design comfortable, everyday living spaces
for billions of people around the world. The
problem lies in the design of the commonplace, or the generic if you will.
This is why it is a pitiful misapprehension that
all the attention of the architecture media and
architectural critics should be solely focused
on the most spectacular experiments. It would
appear as if architects – perhaps embarrassed
at their inability to find an answer to global
warming, the energy crisis, overpopulation or
substandard housing in cities with over one
million inhabitants – escape into exuberant
designs and virtual debates, far removed from
the reality of daily life. By escaping into the
exclusivity of their art, the architect has lost
sight of the necessity of the ordinary.

Even more lamentable is that the education
system encourages the design of peculiar
buildings as its primary objective. Students
should be trained for bulk and background,
which make up 95% of the production of
architectural objects and urban structures, and
that should show enormous restraint but be
of the highest quality at the same time. And
by quality, I mean substance through strong
materialisation, comfort through the correct
arrangement and beauty through an elegant
composition. The opposite is currently the

Essay 05
Willem Jan Neutelings
Architectuurbulletin 05

die doorgeschoven wordt naar het bord van de architect. Die moet de problemen vervolgens aan de tafel van de wethouder zien op te lossen. Ooit is stedenbouw uitgevonden om ruimtelijke problemen op te lossen, niet om ze te creëren. Stedenbouwkundige plannen gingen generaties lang mee en moesten niet bij elke economische of maatschappelijke wijziging, hoe drastisch ook, hertekend en heroverwogen worden. Net als architectuur is ook stedenbouw een vak, gebaseerd op kennis, kunde en evocatie. De stedenbouw van de toekomst moet opnieuw een vak zijn dat problemen oplost, dat efficiënte lijnen uitzet waarbinnen de architect op eenvoudige wijze gebouwen kan ontwerpen.

*

Vijfde positie: een vak van bulk en fond
Mensen slapen circa een derde van hun leven en gebruiken daarvoor meestal een slaapkamer en een bed. Omdat het gemiddelde mensenlichaam in de loop der eeuwen niet zo heel veel van maat is veranderd, is een gemiddeld bed al sinds mensenheugenis ongeveer 2 meter lang en 80 centimeter breed. Het is niet omdat de hedendaagse mens meer air-miles bij elkaar vliegt, meer giga-bites bij elkaar surft, of vaker in het buitenland verblijft dat de architectonische opgave van het bed of van de hotelkamer daarom wezenlijk veranderd is. Een jaar of drie geleden ontdekte ik dat in elke hotelkamer ter wereld plots een architectonische vernieuwing was opgetreden: er zat nu standaard een vierkant gaatje in de muur van exact 1 bij 1 centimeter, een zogenaamd data-stopcontact. Dit schokkende, vernieuwende architectonische gaatje is intussen door de uitvinding van het draadloze internet alweer in veel hotels gedicht. Een hotelkamer ziet er vandaag nog steeds zo uit als honderd jaar geleden, zelfs met een surfende buitenlandse architect erin.

De stelling van Ole Bouman is dat er vandaag een nieuwe opgave is, die dringend om een nieuwe architectuur vraagt. Het is inderdaad juist dat er een opgave is die zich nog nooit in zulke omvang aan ons heeft aangediend. Maar inhoudelijk is het nog steeds dezelfde oude opgave waar de architectuur vijfduizend jaar geleden ooit voor is uitgevonden: het maken van een comfortabele leefomgeving. Zelfs al zou de opgave nieuw zijn, dan nog is het een misverstand dat daar een nieuw architectonisch instrumentarium voor nodig is, of dat er een andere architectuur uit zou ontstaan, of dat de rol van de architect zou moeten wijzigen. Nieuwe technologie leidt niet noodzakelijkerwijs tot nieuwe architectonische schikkingen. Wat is het verschil tussen een negentiende eeuwse sweat-shop en een twintigste eeuws call-center? Vroeger zaten de mensen in rijen onder een te laag plafond verdwaasd te staren naar ronkende naaimachines. Vandaag zitten de mensen in rijen onder een te laag plafond verdwaasd te staren naar zoemende computers. Niet echt een architectonische vernieuwing, en zeker geen aanbeveling voor de architecten, die er in honderd jaar kennelijk niet in geslaagd zijn de basisvoorzieningen voor het leven van alledag op een hoger niveau te brengen.

De belangrijkste architectonische en stedenbouwkundige opgave van dit moment is wat mij betreft het vraagstuk van de verstedelijking en in het verlengde daarvan het vraag-

case. In the Netherlands, for example, the bulk of the production has a very low level of substance, lousy comfort levels and an infuriating expressive impulse. After twenty years of constructing crazy buildings in Rotterdam, there is still no city but rather a collection of crazy buildings. What is urgently required is strong urban background. The fact that a well-respected 72 year- old architect can occasionally erect a strange building along the way is part of the charm that goes with our profession.

The most important assignment in the coming twenty years, in every town and every city around the world, is, in my eyes, the quality of the bulk and background. The bulk – 95% of the production, the place of the ordinary and the everyday, must be sound, comfortable and elegant. The groundwork – 95% of the urban space, must form a high-quality basis. Even within this context, it is possible as an architect to rise to the challenge and add new cultural significance to our world. That is where the future of architecture lies.

In answer to the question of what the future of architecture holds, I say that Architecture 2.0 is the same as the old Architecture 0.0. A profession rooted in 5.000 years of tradition. A profession that aims to create clear spatial objects and simple urban compositions. An old and laborious profession, in which architects take pleasure in creating solid structures at an excruciatingly slow pace that will remain standing for eternity. A fantastic profession that centres on bulk and background; on the quality of everyday life. A profession that aims to deliver substance, comfort and beauty,

such as Vitruvius wrote in his manifesto for Architecture 0.0 2.000 years ago.

The simplest method of achieving this is to give architects and urban planners confidence in their profession again so that they can reoccupy their traditional position as professional and once again employ the traditional instruments of knowledge, skill and evocation. Because therein lies the secret of our success. Therein lies the strength and the capacity of architecture. It was a successful formula in the past and, in my opinion, it will be successful formula in the future.

text by: Willem Jan Neutelings
en Michiel Riedijk

Willem Jan Neutelings
Architectuurbulletin 05

stuk van de duurzame ontwikkeling.
Dat betekent dat de belangrijkste opgave
niet ligt in het ontwerpen van megalomane
monumenten voor de nieuwe Zonnekonin-
gen van deze wereld in Dubai of Beijing.
De belangrijkste opgave voor de komende
twintig jaar ligt in het ontwerpen van een
comfortabele dagelijkse leefomgeving voor
miljarden mensen overal ter wereld. De opgave ligt in het ontwerp van het alledaagse,
van het generische als je het zo wil noemen.
Het is daarom een jammerlijk misverstand dat
alle aandacht van de architectuurmedia en de
architectuurkritiek alleen naar de meest spectaculaire experimenten gaat. Het lijkt erop
alsof architecten – wellicht gegeneerd omdat
ze geen antwoorden weten te formuleren
voor de global warming, de energiecrisis, de
overbevolking of de slechte huisvesting in de
miljoenensteden – vluchten in exuberante
ontwerpen en virtuele debatten, ver weg van
de realiteit van het alledaagse. Door deze
vlucht in de exclusiviteit van het artistieke
heeft de architect de noodzakelijkheid van
het gewone uit het oog verloren.

Nog ergerlijker is het dat het onderwijs
het ontwerpen van buitenissige gebouwen
als hoogste doel stimuleert. De studenten
zouden juist getraind moeten worden om de
bulk en het fond te maken: die 95 procent
van de productie van architectonische
objecten en stedelijke structuren, die van een
enorme terughoudendheid, maar tegelijk van
een zeer hoge kwaliteit hoort te zijn. Met
kwaliteit bedoel ik degelijkheid door een
krachtige materialisering, comfort door een
juiste schikking en schoonheid door een ele-

gante compositie. Nu is dat juist andersom.
In Nederland bijvoorbeeld heeft de bulk van
de productie een zeer matige degelijkheid,
een belabberd comfort en een gekmakende
expressiedrift. In Rotterdam is na twintig jaar
gekke gebouwen maken nog altijd geen stad
gecreëerd, maar slechts een verzameling van
gekke gebouwen. Wat dringend gemaakt
moet worden, is een sterk stedelijk fond. Dat
een gerespecteerde 72-jarige architect daar
af en toe een buitenissig gebouw tussen mag
zetten, behoort tot de charme van ons vak.
De belangrijkste opgave voor de komende
twintig jaar, waar ook ter wereld, is in mijn
ogen de kwaliteit van de bulk en het fond.
De bulk, die 95 procent van de productie,
de plaats van het gewone en het alledaagse,
moet degelijk, comfortabel en elegant zijn.
Het fond, die 95 procent van de stedelijke
ruimte, moet een basisstructuur van hoge
kwaliteit vormen. Ook in de bulk en het fond
kun je als architect de opgave ontstijgen
en nieuwe culturele betekenissen aan onze
wereld toevoegen. Daar ligt de toekomst van
de architectuur.

Mijn antwoord op de vraag hoe de toekomst
van de architectuur eruit ziet, is dan ook
dat Architectuur 2.0 de aloude Architectuur
0.0 is. Een ambachtelijk vak, dat staat in een
vijfduizendjarige traditie. Een vak dat zich tot
doel stelt om heldere ruimtelijke objecten en
eenvoudige stedelijke composities te maken.
Een oud en traag vak, waarin architecten met
veel plezier tergend langzaam zware objecten
maken, die eindeloos lang op hun plek blijven
staan. Een fantastisch vak dat gaat over de
bulk en het fond; over de kwaliteit van het

dagelijks leven. Een vak dat zich ten doel
stelt om degelijkheid, comfort en schoonheid
te leveren, zoals Vitruvius dat in zijn manifest
voor Architectuur 0.0 tweeduizend jaar geleden heeft geschreven.
De eenvoudigste manier om dit te bereiken
is om architecten en stedenbouwers weer
vertrouwen te geven in hun eigen vak. Dat
zij hun traditionele positie van vakman weer
innemen en het traditionele instrumentarium van kennis, kunde en evocatie opnieuw
hanteren. Want daarin ligt het geheim
van ons succes. Daar ligt de kracht en het
vermogen van de architectuur. Dat was het
succesvolle recept van haar verleden, en is
wat mij betreft het succesvolle recept voor
haar toekomst.

tekst door: Willem Jan Neutelings
en Michiel Riedijk

Sander Lap

Intermezzo

Sander Lap (1979) graduated with honours as an urban developer from
Rotterdam Academy of Architecture in 2007. His graduation plan for the
Markermeer was recently awarded second prize in the Archiprix 2008.
He is currently employed at the landscape architecture agency West 8.
– www.sanderlap.nl

Rotterdam in the morning sun creates a beautiful picture. But if you look closely, a filthy, brown smog caused by the morning traffic is visible through the guy ropes of the Erasmus bridge. On some days, Rotterdam can even resemble a Chinese city.

I graduated in architecture from the Rotterdam Academy of Architecture. My work concentrates on *lifestyle* – because this is what I perceive to be the architectural assignment – and *scale XXL*. My graduation research centred on new polders in the Netherlands – in a new urbanity, a new mobility and a new climate. The result is *Marker Park,* a plan that I will submit for the Archiprix 2008.

Marker Park is the final plan for the Markermeer lake, whose almost fluorescent waters lie adjacent to the darker, healthy waters of the IJsselmeer. On the thin dividing line between these two lakes lies the Houtribdijk. While foraging birds can be seen hovering above the darker waters of the IJsselmeer, the air above the green waters of the Markermeer is empty. Yet in the summer, the water looks

inviting. This area offers a wonderful opportunity to create a beautiful nature reserve close to Amsterdam in a location where nature is currently dying out.

The solution is relatively simple. The Markermeer is currently a somewhat monotonous, shallow reservoir. The idea would be to deepen the lake, allowing the silt to sink and providing construction sand for Almere or Amsterdam. At the same time, we can use the residual current to make islands, of which the *Enkhuizerzand* is an example. I see this project as the city's gardens. Living in Amsterdam, within the compact city and a place from where you can cycle to work, enjoy your garden in the weekend or take a ferry to on a warm summer's evening.

The islands are actually two dams with private islands in between. They are designed such that a filter can be integrated; the water is cleaned with a system that functions in much the same way as a kidney. The two islands that form the dams are opposite one another and make it possible to create a platform in the

Sander Lap

Intermezzo

Sander Lap (1979) studeerde in 2007 cum laude af als stedenbouwkundige aan de Academie van Bouwkunst in Rotterdam. Met zijn afstudeerplan voor het Markermeer heeft hij recent de tweede prijs van de Archiprix 2008 gewonnen. Momenteel is hij werkzaam bij het landschapsarchitectenbureau West 8. – www.sanderlap.nl

In de ochtendzon levert de stad Rotterdam een mooi plaatje op. Maar als je goed kijkt, wordt door de tuien van de Erasmusbrug heen een vieze, bruine laag smog zichtbaar, veroorzaakt door de ochtendspits. Op sommige dagen heeft Rotterdam zelfs iets weg van de Chinese steden.

Ik ben afgestudeerd als stedenbouwkundige aan de Academie van Bouwkunst in Rotterdam. Mijn werk gaat over *lifestyle* - want ik denk dat dát de stedenbouwkundige opgave is - en over *scale XXL*. Ik heb voor mijn afstuderen onderzoek gedaan naar de nieuwe polders van Nederland in een nieuwe stedelijkheid, een nieuwe mobiliteit en een nieuw klimaat. De uitkomst daarvan is *Marker Park*, een plan dat ik ga inzenden voor de Archiprix 2008.

Marker Park is het laatste plan voor het Markermeer. Naast het donkere gezonde water van het IJsselmeer ligt het Markermeer, bijna als oplichtend water. Op de scherpe scheidslijn tussen deze twee meren bevindt zich de Houtribdijk. Bij het donkere water van het

IJsselmeer zijn foeragerende vogels te zien, bij het groene water van het Markermeer geen vogels. Toch ziet het water er in de zomer aantrekkelijk uit. Deze plek biedt een prachtige kans voor een heel mooi natuurgebied vlakbij Amsterdam, maar op dit moment sterft hier de natuur.

De oplossing is relatief simpel. Op dit moment is het Markermeer een vrij monotone, ondiepe bak. Het idee is om het meer te verdiepen, waardoor het slib kan zinken. Dat levert bouwzand op voor Almere of Amsterdam. Tegelijkertijd kunnen we met de reststromen eilanden maken, waarvan het *Enkhuizerzand* er een is. Ik zie dit project als de tuinen van de stad. Wonen in Amsterdam, binnen de compacte stad, én een plek van waaruit je kunt fietsen naar je werk, waar je in het weekend kan genieten van je tuin, en waar je op een mooie zomeravond heen vaart met de ferry.

De eilanden zijn eigenlijk twee dammen met daartussen private eilandjes. Ze zijn zo ontworpen dat er een filter in geïntegreerd kan

rough waters. Outside the dam, the open water is rough, making it a less inviting to want to live on, but if the two dams are placed together, an inner area is created where the surface water is calm and still.

Living on this border will be very exciting. The interior of the lake will feature long, ecological banks, allowing the islands to function as a sort of incubator for the clean water to be generated in the future. And you will have a second home several metres above the water where you can relax. This is my vision for the future of the Markermeer: green water replaced by clean, blue water, a restored ecology featuring birds, a recreation area and, in the future, the most beautiful nature reserve in the Netherlands.

worden; met een soort nierfunctie wordt het water van het Markermeer schoon gemaakt. De twee eilanden die als twee dammen tegenover elkaar liggen, maken een stelling in het ruige water mogelijk. Aan de buitenzijde van de dam is ruig open water, waar je niet aan wilt wonen. Als de twee dammen tegen elkaar aan geplaatst worden, ontstaat er echter een binnengebied met een heel mooi verstild wateroppervlak.

Wonen op deze grens is erg spannend. Aan de binnenkant van het meer worden lange ecologische oevers gemaakt. Hierdoor fungeren deze eilanden als een soort kraamkamer voor het toekomstige, schone meer. En uzelf heeft enkele meters boven het wateroppervlak uw tweede woning voor een rustiger leven. Zó zie ik de toekomst van het Markermeer: geen groen water meer, maar schoon blauw water, een herstelde ecologie van vogels, een prachtig recreatiebeid, en in de toekomst het mooiste natuurgebied van Nederland.

Winy Maas

Essay 07

Winy Maas (1959) graduated as a landscape architect from the RHSTL
Boskoop in 1983 and as an architect and urban planner from Delft University
of Technology in 1990. In 1991, he founded the architecture agency MVRDV
with Jacob van Rijs and Nathalie de Vries. The agency enjoys worldwide renown
and focuses on difficult social issues with projects such as Pig City.
– www.mvrdv.nl

Spacefighters!

Production!

Isn't it fascinating to see what is being
built? The enormous amount of production!
There must, therefore, be plenty of room
for architecture. And for experiments. There
must, therefore, also be plenty of room for
enormous influence on the built environment,
and, therefore, on society. Right?

Spatial specialists

Architects are (only) one part of this system.
But they have something crucial to offer:
architects are spatial specialists. They can
construct, visualise, criticise, advise and say to
politicians: for God's sake, don't do it for such
and such a reason. In such a specialist field, architects must position themselves even more
powerfully than they already are doing now.
Not only with the buildings that they create,
but also by becoming involved in discussions.
This enables them to become visionaries ...

The visionary

The spectrum of pragmatism, realism and the
visionary is, to me, the core of this profession.
It adapts over time and provides an endless
urge to experiment. Not as *art for art's sake*,
but as a means of articulating, assessing and
developing innovation, which must be part of
that endlessness. This, to me, is the assignment for the future. The objective is not to
merely accelerate the process, making use of
the possibilities that currently exist, but also
to use our position to point this out not only
to ourselves but to others (politicians, users,
directors, economists, etc.) as well.

Alliances

To achieve depth and specialisation, I would
like to make a plea for the formation of alliances, to work with all sorts of different people. Even with different architects and even if
this sometimes fails. It's more about the need
for greater integration so that we can stir a
longing to embark on voyages of discovery
into the future. This will result in the spread
of knowledge, which in turn will instigate new
fusions and assemblies.

Winy Maas

Essay 07

Winy Maas (1959) studeerde in 1983 af als landschapsarchitect aan de RHSTL Boskoop en in 1990 als architect en stedenbouwkundige aan de TU Delft. In 1991 richtte hij samen met Jacob van Rijs en Nathalie de Vries het architectenbureau MVRDV op. Het bureau geniet wereldwijd faam en vestigt tevens met projecten als Pig City de aandacht op maatschappelijke pijnpunten. – www.mvrdv.nl

Spacefighters!

Productie

Is het niet fascinerend wat er allemaal gebouwd wordt? Wat een enorme productie! Er moet dus ruimschoots plaats zijn voor architectuur. En voor experimenten. Er moet dus tevens ruimschoots plaats zijn voor een grote invloed op de gebouwde omgeving, en dus op de samenleving. Toch?

Ruimtelijke specialisten

Architecten vormen (slechts) een onderdeel van dit systeem, maar zij hebben iets cruciaals in de aanbieding: architecten zijn ruimtelijke specialisten. Zij kunnen bouwen, visualiseren, becommentariëren, adviseren en tegen de politiek zeggen: doe dat nu in godsnaam niet om die en die reden. In het veld van specialisten moeten en kunnen architecten zich veel krachtiger opstellen dan dat ze nu doen. Met de gebouwen die zij maken, maar ook door zich te mengen in discussies. Daarbij hebben zij de mogelijkheid visionair te worden ...

Het visionaire

Het spectrum van het pragmatische, het realistische en het visionaire vormt voor mij de kern van het vak. Het reageert op de tijd en het levert een eindeloze experimenteerdrift op. Niet als *l'art pour l'art*, maar als een middel om de vernieuwing, die in het eindeloze zou moeten zitten, te kunnen verwoorden, te testen en uit te breiden. Dát lijkt me de taak voor de toekomst. Daarbij is het doel niet alleen het radicaal versnellen van dit proces, gebruikmakend van de mogelijkheden die er nu zijn, maar ook om vanuit onze verantwoordelijkheden elkaar en anderen (politici, gebruikers, bestuurders, economen, et cetera) daarop te wijzen.

Allianties

Om diepgang en specialisatie te bereiken wil ik een pleidooi houden voor het aangaan van allianties, het samenwerken met mensen van verschillende pluimage. Zelfs met verschillende architecten, ook al gaat dat niet altijd goed. Het gaat er om zoveel mogelijk te mengen, zodat er een verlangen ontstaat naar verkenningstochten naar de toekomst. Daar-

Copy paste

Some people say that there is no longer anything to achieve in architecture because everything has already been done … Bullshit, that's the opinion of fuddy-duddies. It is clear that in an era of boundless communication and competition architects are quick to copy ideas from one another. Copy & paste is the norm. But it doesn't have to be a bad thing. By studying and commenting on the work of others, we also make our products more distinctive. But at the same time, we must all find a niche market and brand and distinguish ourselves within the architecture community. Which is also a good thing because we have to take a stronger stance.

Generations

It is also an age in which the younger generation sometimes struggles to bring in assignments because of older colleagues who were fortunate to have grown up during the economic boom of the 1960s. But before you can form an opinion, the realisation of buildings is essential. With their buildings, architects create a narrative that accompanies their vision of the future. The younger generations should be given the opportunity to build as soon as possible. That increases their sharpness! I don't understand the protectionism and the ungenerous nature of many architects from the previous generation. Where are the opportunities in an urban plan by Zaha Hadid or H&dM? Don't get me wrong, I'm not complaining about our position, but I see a generation of architects before us who are languishing.

Intelligent gaming

For me, the compelling speed of recent developments is a motor for knowledge and – paradoxically – reflection. The continued modelling of these reaction times is a helpful tool. The gaming industry, for example, also uses it. Why don't we get involved too? Why are all the games that my sons play so lacking in realistic architecture? Why can the technology and intelligence used to make these games not be used in participatory processes? Why can't cities use this and involve more people in their development? Is active participation possible in this way?

Research

Yet what does this urge to experiment produce and how does it work in practice? It is a linear process. By pulling existing knowledge into the extreme, new questions are unravelled. By studying some aspects more deeply, new uncertainties are descried. Test, demonstrate and evaluate. Next step. The sinusoid of research. A sort of black hole to the next level of knowledge. Time and again. It is a relatively classic, methodical approach that in this day and age – with its myriad of competitors, globalisation and products that we can compare – can become even more efficient.
I don't want to use this opportunity to draw attention to my own work, but rather to discuss the fragility and schematics of this methodology with you. Is the methodology of extremism, of the explorative and the extrapolative useful? Does it help to discover new, absent knowledge and thus develop definitions? And what can you do with it? What happens to it?

door kan alle verspreide kennis in één keer
tot nieuwe fusies en assemblages leiden.

Copy paste

Sommigen zeggen dat er niet zo veel mogelijk is in de architectuur om dat alles al gedaan is ... Bull shit, een opmerking van opa's.
Het is duidelijk dat in een tijd van grenzeloze
communicatie en concurrentie architecten
snel dingen van elkaar overnemen. 'Copy-
paste' is 'bon ton'. Dat hoeft niet zo slecht te
zijn. Door het werk van anderen te verdiepen
en te becommentariëren worden de producten scherper. Maar tegelijkertijd moet ieder
van ons zichzelf een 'niche market' aanme-
ten, zichzelf 'branden' en profileren binnen
het architectuurgezelschap. Ook dat is alleen
maar goed. We moeten ons sterk maken voor
onze standpunten.

Generaties

Het is ook een tijd waarin een jongere
generatie soms moeite heeft opdrachten
te krijgen. Dit door de aanwezigheid van
oudere collega's die het geluk hadden in de
economische groei van de jaren zestig op
te groeien. Maar om een mening te kunnen
vormen is het realiseren van gebouwen
essentieel. Een architect maakt met zijn
gebouwen een verhaal dat een toekomst-
visie inhoudt. Jongere generaties moeten
zo vroeg mogelijk de kans krijgen om te
bouwen. Dat vergroot de scherpte! Ik begrijp
het protectionisme en ongenereuze van
velen van de vorige generatie architecten
niet. Wanneer krijg je nou een kans binnen
een stedenbouwkundig plan van Zaha Hadid
of H&dM? Begrijp me goed, ik klaag niet

over onze positie, maar ik zie een kwijnende
volgende generatie.

Intelligente gaming

Voor mij is de onweerstaanbare snelheid
van recente ontwikkelingen een motor voor
kennis en - paradoxaal - reflectie. Het verder
modelleren van die reactiesnelheid is wellicht
een behulpzaam middel. De game-industrie
maakt hier bijvoorbeeld gebruik van. Waarom
gaan we daar niet op in? Waarom zijn al die
spelletjes, die mijn zonen krijgen, zo wanstal-
tig qua architectuur? Waarom zijn de techniek
en de intelligentie die daar achter zitten niet
inzetbaar in deelnemende processen? Waarom
zetten steden deze niet in om zo meer mensen te betrekken bij hun ontwikkeling? Kan
zo werkelijke participatie mogelijk worden?

Onderzoek

Hoe werkt experimenteerdrang en wat
levert deze op? Het is een lineair proces.
Door bestaande kennis tot in het extreme
te trekken, worden nieuwe vragen opgeroepen. Door sommige aspecten diepgaand te
onderzoeken, worden nieuwe onduidelijk-
heden ontwaard. Testen, bewijzen, evalueren.
De sinusoïde van onderzoek. Een soort van
'zwarte gaten' naar het volgende kennis-
niveau, telkens weer. Het is een relatief klassieke, methodische benadering die in deze
tijd – met veel concurrentie, globalisering en
producten die we met elkaar kunnen vergelijken – efficiënter kan worden gemaakt.
Ik wil deze gelegenheid niet gebruiken om
reclame te maken voor mijn eigen werk, maar
om mijn methodiek te illustreren en daarmee
ook het kwetsbare en schetsmatige van deze

Essay 07
Winy Maas
Architectuurbulletin 05

And what about architecture?

And then: What is the role of architecture? How can architecture be utilised? How can we produce architecture that investigates, captures and demonstrates? How can we create architecture that is both striking and constructive, that attests to a shifting élan and that has the ambition to tackle issues more broadly, to restore them or to even renew them completely?

In the book KM3, we try to outline the unusual juxtaposition between *creating* space and *leaving* space. Through concentration, you leave space for the future. We want ever more: we travel more, we build more, we live in bigger spaces while the world around us is getting smaller. One of the methods applied here is the ecological footprint. In terms of spatial use, we actually need an area three times the size of Europe to compensate for our actions, and if we want to behave like the Americans we will need four or five earths. So there is a lot of work to be done!

As a theoretical model for a possible escape, a completely self-supporting city has been studied in its most compact form: a cube, for one million people. It is fascinating to see that it is the forest and not the built environment that requires the most space ¬– the forest that provides oxygen, the energy layer and the agricultural layers – aspects that are given very little attention, even in schools of architecture. Yet it subscribes to the rise of the 'green movement' (there is even talk of a 'green religion').

KM3 is one of many possible ways in which architecture can once again become a means of providing a perspective, of attracting people's attention and stimulating the formation of an opinion. Perhaps in this way the word *icon* can be given a measure of content again. Celebrity architects fly all over the world dropping their designs into cities, which degenerate more and more into rival museums with a collection of objects by those celebrity architects (every city wants a Zaha, a Gehry, etc.) rather than mutually distinctive specialisations. Such collections no longer deserve the title of icon.
Shouldn't architecture critics develop criteria for this designation? Shouldn't icons point to the future and focus their attention on less prominent aspects? A fascinating realm of *leaving* things, leaving things to *come unstuck* and *saying* things finds itself on this cusp of missionary zeal. Every building is an experiment that can contribute to that agenda. Several examples ...

Pittsburgh is a *down town*, like many other *Midwest towns*; pleasant but deserted; parking lots and empty real estate; people living in the suburbs. We are trying to create housing in this area in collaboration with the artist Jeroen Kooijmans. But who wants to live in a *down town*? Architecture should be a means of convincing people about the quality that a location has to offer. Is it possible to integrate suburban quality? We want to build four tower blocks. We will make them slightly cheaper so that we can build a *sky park*. Built on the ground with steel and then elevated alongside the towers. The corners of the

methodiek te bespreken. Is de methodiek van het extremisme, van het extreem verkennende en van het ultiem extrapolerende, nuttig? Helpt deze inderdaad om nieuwe, ontbrekende kennis te ontdekken en daarmee ontwikkelingen te definiëren? En wat kun je er mee doen? Of: wat gebeurt er dan mee?

En Architectuur dan?

En vervolgens: hoe kan architectuur ingezet worden? Hoe kunnen we architectuur produceren die mede onderzoekt, vastlegt en aantoont. Een architectuur die daarmee opmerkelijk en constructief is, die getuigt van een verschuivend elan en die de ambitie heeft om zaken breder aan te pakken, op te knappen of zelfs volledig te vernieuwen?

In het boek *KM3* proberen we de vreemde spagaat te schetsen tussen ruimte *maken* en ruimte *laten*. Door te concentreren laat je ruimte over voor de toekomst. We willen steeds meer: we reizen meer, we bouwen meer, we wonen ruimer en de aarde wordt kleiner. Kijken we naar de ecologische footprint, dan hebben we qua ruimtegebruik eigenlijk drie keer de oppervlakte van Europa nodig om ons gedrag te compenseren. En als we ons allemaal als Amerikanen willen gaan gedragen, dan hebben we met elkaar vier tot vijf maal de aarde nodig. Er is werk aan de winkel!

Als model voor een mogelijke oplossing is een volledig zelfvoorzienende stad onderzocht in zijn meest compacte vorm: een kubus voor één miljoen mensen. Fascinerend was te ontdekken dat in deze stad niet de gebouwde omgeving de grootste hoeveelheid ruimte vraagt, maar het bos dat zuurstof voorziet, de energielaag en de landbouwlagen. Aan deze aspecten wordt nauwelijks aandacht besteed in de architectuur, ook niet op architectuurscholen. Toch benadrukken deze de opkomst van de 'groene beweging' (er is zelfs sprake van een 'groene religie').

KM3 is één manier. Er zijn allerlei manieren denkbaar om architectuur weer tot een middel te maken dat perspectief biedt, om mensen attent te maken en om de vorming van een opinie te stimuleren. Het woord icoon zou weer inhoud moeten krijgen. Sterarchitecten vliegen over de wereld en 'droppen' hun ontwerpen in diverse steden, die zo meer en meer verworden tot wedijverende musea met eenzelfde collectie objecten van sterarchitecten (iedere stad wil een Zaha, een Gehry, etcetera). Een dergelijke collectie verdient niet meer het woord icoon. Moeten architectuurcritici geen criteria ontwikkelen voor dit predikaat? Zouden iconen bijvoorbeeld niet vooruit moeten wijzen naar de toekomst en de aandacht moeten vestigen op onderbelichte aspecten? Op dit randje van zendingsdrang bevindt zich een fascinerend terrein van dingen *laten*, dingen *laten struikelen* en dingen *zeggen*. Elk gebouw wordt zo een experiment dat een bijdrage kan leveren aan die agenda. Enkele voorbeelden ...

Pittsburgh is een 'down town' zoals alle 'midwest towns', aardig maar ook verlaten. Veel parkeerterreinen en leegstaande kantoorgebouwen; de mensen wonen buiten de

towers will be used as a rack railway that can elevate the park and place it between the houses and offices. Mirrors will be placed under the park and the park itself will be filled with Japanese cherry blossom and cherry trees so that once a year a pink cloud hangs above the city between Pittsburgh's hills. The ground floor will feature a new entertainment plaza.

Didden Village was our first building in Rotterdam. I remember the mayor saying to me: 'You should always start with a dormer window.' Even a programme of 80m2 can contribute to the above-mentioned agenda, to the way in which an existing city can be fattened up. We wanted to show that it is possible to build on top of existing buildings and that we can also fulfil the ambition of a compact

city with small interventions. Density is still a winner. I think it's fascinating that New York was recently awarded the prize for being the world's most ecological city, precisely because of its compact nature and not because of all the other facilities that other cities deem necessary.

We will soon begin work on the *Markthal* in Rotterdam. This project will highlight a methodology by which a three-dimensional city can be created by erecting more buildings and creating more public spaces at the same time. The design is a literal reversal of the programme of requirements: houses with a hall in between, which is commonplace in Barcelona, for example. The houses will offer views of the market – you will be able to see the fruit

stad. Op deze plek proberen we woningen te maken in samenwerking met kunstenaar Jeroen Kooijmans. Maar wie wil er in een 'down town' wonen? Architectuur moet hier het middel zijn om mensen te overtuigen van de kwaliteiten van de plek. Is het mogelijk om de suburbane kwaliteiten te integreren? We willen vier torens maken. We maken ze net iets goedkoper, zodat we een 'sky park' kunnen bouwen. De hoeken van de torens gebruiken we dan als tandradbaan, waardoor het park kan worden opgetild en een positie kan vinden tussen de woningen en de kantoren. Onder het park worden spiegels geplaatst, in het park prunussen en kersenbomen zodat één keer per jaar een roze wolk boven de stad hangt. Op de begane grond komt een nieuw uitgaansplein.

Didden Village is ons eerste gebouw in Rotterdam. Ik herinner me dat de burgermeester eens tegen me zei: 'Je moet altijd met een dakkapel beginnen.' Zelfs een programma van 80 vierkante meter kan een bijdrage leveren aan het zoeken naar een manier waarop een bestaande stad opgedikt kan worden. We willen laten zien dat het mogelijk is bovenop bestaande gebouwen te bouwen en dat we de ambitie voor een compacte stad ook met kleine ingrepen kunnen waarmaken. Ik vind het fantastisch dat New York recent de prijs heeft gekregen voor de meest ecologische stad ter wereld; juist vanwege die compactheid en niet vanwege al die andere duurzame voorzieningen die andere steden denken nodig te hebben.

Binnenkort gaan wij de *Markthal* in Rotterdam bouwen. Dit project laat zien hoe een driedimensionale stad gecreëerd kan worden, door middels gebouwen meer publieke ruimte te realiseren. Het ontwerp is een letterlijke omkering van het programma van eisen: woningen met een hal er tussenin, zoals dat bijvoorbeeld in Barcelona gebruikelijk is. Vanuit de woningen ziet men straks het fruit en ruikt men de vis. Bij wijze van spreken kan de hengel naar buiten worden gegooid om de vissen naar boven te halen. Om op een goedkope manier uitzicht vanuit de woningen te maken, zullen we gebruik maken van traditionele tunnelbekisting. Door deze telkens een stuk op te schuiven, kunnen wij een boog van woningen maken. Het ontwerp is een poging om met woningbouw de stad meer dimensie te geven.

Het project voor het museum Boijmans van Beuningen toont hoe de geweldige collectie, die nu ondergronds zit en dreigt te worden weggespoeld, opgetild kan worden tot buiten het bereik van de territoriale wateren van Nederland. Een jaar of twintig geleden heb ik zelf met Yves Brunier en Rem Koolhaas aan het Museumpark gewerkt. Dit is een prachtige verzameling tuinen, die hier en daar wat wegkwijnt en op bepaalde plekken wellicht een aanvulling nodig heeft, maar waarvan de compositie intact moet worden gelaten. Het idee is om één tuin (het evenementenplein) op te waarderen tot een fantastisch overdekt all-year-round podium met een dak, waarin (ontsloten door vier liften en vier trappen) de collectie getoond kan worden. Zo ontstaat in de stad een theatrale ruimte, die dag en nacht

and smell the fish. You could almost cast your rod out the window and pull them in. To provide inexpensive views from the houses, we have used a traditional tunnel formwork. By moving them slightly each time, we can create an arch of houses for a Dutch budget. The design is an attempt to give the city more dimension by introducing residential housing.

The project for the Museum Boijmans van Beuningen shows how the fantastic collection, which is now underground, faced with the threat of being washed away, can be elevated out of reach of the territorial waters of the Netherlands. Twenty or so years ago, I worked on the Museumpark with Yves Brunier and Rem Koolhaas. It is a fantastic collection of gardens, some of which have withered away and some of which need to be added to in order to retain their composition. The idea is to upgrade one garden (the events square) into a fantastic, covered, all-year-round podium with a roof formed by the museum, in which the collection can be displayed (opened up by four lifts and four staircases). This will create a theatrical space in the city, which can be used day and night and in which art descends to display itself for every collector who passes by. Our residential building in Madrid is a block that is built on its side so that the patio, which is normally inaccessible, can be used. The 'floating' football pitch is encompassed by neighbourhoods. But can we build endless tower blocks in Madrid? Is that urban development? Does the classic distinction between public and private ultimately yield a good city? Isn't it time for criticism and improvement? Does a city accept such criticism? And can a

culture cultivate self-criticism? I hope that we can continue to allow such engaging thoughts in the Netherlands.

The Mirador led to a follow-up assignment in Madrid; a second block round the corner from the first. A block that does not want to be closed, but wants to open up so that we can compensate for those ideals that Le Corbusier could not manage or that were badly realised by some of his successors. Every house will have a garden and the lay-out will be like Lego; each block comprising between four and eight houses that are stacked around the patios. This will make for an airy interior; the wind will literally blow through it. And that is a good thing in a climate where temperatures can soar to 40°C.

Our plea for stacking landscapes at the World Expo 2000 has resulted in us being called the 'stack kings' or 'stack attackers'. Our niche in the market is, therefore, clear. Which is probably why we have not been reduced to blobbing, but have instead begun to specialise in a conceptual working method. It is interesting that the Dutch pavilion in Hanover is one of the few buildings from the World Expo 2000 that is still standing. The area is now a Nagasaki-esque landscape of desolation where unemployment levels lie between 25% and 28%. Yet we do not know what to do with it. As a country, we can be proud that we were able to give this building to Germany. But the lack of maintenance has resulted in a contemporary ruin, with birds and hippies using it as a domicile. A very romantic, almost Heine-like tableau, actually. Very German. It has gone

Essay 07
Winy Maas
Architectuurbulletin 05

gebruikt kan worden en waarin kunst naar beneden kan zakken om zich te tonen aan elke collectioneur die langskomt.

Ons woongebouw in Madrid is een woonblok dat op zijn kant is gezet, zodat de patio - die doorgaans niet toegankelijk is - zichtbaar en bruikbaar wordt. Dit 'zwevende' voetbalveld wordt omgeven door woonbuurten. Met dit gebouw stellen we de vraag of we eindeloos blokken moeten maken in Madrid. Is dat stedenbouw? Levert het klassieke onderscheid tussen openbaar en privé uiteindelijk een goede stad op? Is het niet tijd voor commentaar daarop, en is het niet tijd voor een verrijking? Wordt een dergelijke kritiek geaccepteerd? En kan een cultuur zelfkritiek cultiveren? Ik hoop dat deze overwegingen ook in Nederland aan de orde kunnen worden gesteld.

De *Mirador* heeft geleid tot een vervolgopdracht in Madrid: een tweede woonblok, om de hoek van het al gerealiseerde gebouw. Ditmaal een blok dat geen gesloten blok wil zijn, maar dat zich wil openen. Daarmee kunnen we de idealen compenseren die Le Corbusier niet heeft weten te realiseren of die door sommigen van zijn nazaten slecht zijn uitgevoerd. Elk huis krijgt een tuin, de plattegronden zijn als 'legoblokjes'. Elk blok bestaat uit vier tot acht woningen die rondom de patio's op elkaar gestapeld zijn. Het interieur wordt op deze manier luchtig; de wind waait er letterlijk doorheen. Dat mag ook wel in een klimaat waar het veertig graden Celsius kan worden.

Vanwege ons pleidooi voor het stapelen van landschappen op de Wereld Expo 2000 zijn wij als een soort 'stack koningen' of 'stack attackers' betiteld. Onze niche in de markt wellicht. En wellicht zijn we daarom niet gaan 'blobben', maar zijn we ons gaan specialiseren in een meer conceptuele werkwijze. Interessant is dat het *NL paviljoen* in Hanover een van de weinige gebouwen van de Wereld Expo 2000 is die er nog staan. Het terrein is verworden tot een troosteloos soort Nagasaki-landschap met een werkloosheidspercentage van 25 tot 28 procent. We weten zelf ook niet wat ermee te doen. Maar we mogen als land trots zijn dat we dit gebouw aan Duitsland hebben kunnen geven. Door het ontbreken van onderhoud is het tot een eigentijdse ruïne verworden met vogels die er nestelen en hippies die er slapen. Eigenlijk een heel romantisch, bijna Heine-achtig, tafereel. Heel Duits dus. Het is van utopie tot distopie verworden. Is dat niet één van de mogelijke definities van icoon? Het is wellicht nu minder glanzend dan sommige gebouwen die als iconen worden beschouwd. Veel architecten zouden een dergelijk tafereel niet willen tonen. Maar ik vind het een mooi voorbeeld van hoe karakteristiek een gebouw kan zijn en hoe een toekomstperspectief, samengevat in een gebouw, zich kan gedragen in de tijd.

We mochten de varkens niet in het paviljoen plaatsen, want dan zouden ze - volgens de toenmalige minister van landbouw - nooit meer verkocht worden in het buitenland. Ook de rozen en tomaten moesten er allemaal uit, want: "Duitsers eten geen in

from a utopia to a dystopia. Is that not one of the potential definitions of an Icon? It is perhaps less polished than some other icons. And while many architects would not desire to show such a tableau, I think it's a beautiful example of how characteristic an icon can be and how a future perspective recapitulated in a building can carry itself over time.

We were not allowed to put the pigs in the pavilion because, according to the then Minister for Agriculture, that would mean that they would never be sold abroad. The roses and the tomatoes also had to be removed because Germans don't eat tomatoes cultivated in the dark. The building, therefore, was far from ideal but I was happy that the subsequent Minister eventually decided to explore *PigCity* nonetheless. For me, *PigCity* is still a wonderful symbol of how architecture can become part of the political debate.
Problems arose in the pig farming industry in 1998. Legislation was passed in Europe due to the pursuit of an ecological production process. Germany was the first country to comply. The response in the Netherlands was slower due to the density and enormous economic interests of the pig industry.
We highlighted that in order to work ecologically, we need considerably more land. And we need to use 80% of that land to achieve the same level of production. There is nothing wrong with the slogan 'The Netherlands, home of the pig', but do Dutch citizens want that? We have tried to incorporate the original ideas created for Hanover with the Ministry into the pig industry in the form of a tower 60 metres high that can take its place

in the global history of tower construction, and is based on a pig slaughterhouse, with each slaughterhouse requiring forty farms. By placing them on top of the slaughterhouse, we can erect a tower for the pigs, which not only aims to optimise the use of the land but can also encourage several new synergies that can then result in ever greater compression. A communal bio-oven can be placed in the upper section of the building, etc.
The pigs are led comfortably to their deaths in the slaughterhouse located downstairs. In between are forty farm areas: a perfect environment for the pigs to be reared in, a sort of village community. Separate sections are created for bathing, showering, cafés and truffles, and there is fine dining just around the corner. There are wonderfully equipped sex zones. It is a fantastic place to live. You can eat from the ceiling – straw hangs down everywhere and you can pull it down like toilet paper. Apples are in abundance and in the daytime, you can go outside onto your balcony to sun yourself (for two hours according to European legislation). The size of the balconies is geared to this. Actually, the building resembles a residential building for humans. Humans and pigs are becoming equal. That is the message. For export purposes, the pigs have to be kept together. Rotterdam is, therefore, a logical location. On the coast. Pig city. Welcome to The Netherlands. Such a building makes food production monumental, attractive and beautiful.
You followed the discussion. Debates took place in different locations. Even *Sesame Street* dedicated several episodes to the issue. We made documentaries and Pim Fortuyn

donkerte (duisternis) gekweekte tomaten",
zei hij. Het gebouw was dus niet helemaal
volgens ons ideaal, maar ik was blij dat de
latere minister uiteindelijk besloot om toch
de varkensflat *PigCity* te bestuderen. *PigCity*
is voor mij nog steeds een prachtig voorbeeld
van hoe architectuur zich kan mengen in het
politieke debat.
In 1998 ontstonden er wat problemen in
de varkensindustrie. In het streven naar een
meer ecologisch productieproces werden
in Europa nieuwe wetten uitgevaardigd.
Duitsland heeft deze wetten als eerste land
meteen toegepast. Nederland volgt traag vanwege de dichtheid en de enorme economische belangen die de varkensindustrie heeft.
Wat we aantoonden was dat we, wanneer
we een dergelijke ecologische werkwijze
willen inzetten, veel meer grondoppervlak
nodig hebben. Voor dezelfde als de huidige
productie is dan tachtig procent van het
Nederlandse grondgebied nodig. 'Nederland, varkensland'. Daar is niets mis mee,
alleen: willen Nederlanders dat? Wij hebben
geprobeerd om, samen met het ministerie,
de oorspronkelijke ideeën voor Hanover te
vertalen naar de varkensindustrie.
PigCity is een toren geworden van zestig
meter hoog, die mee kan doen in de we-
reldwijde 'torenbouwhistorie'. Het geheel
is gebaseerd op het functioneren van een
varkensslachterij. Elke slachterij heeft veertig
toeleveringsbedrijven nodig. Door die boven
op het slachthuis te plaatsen, maken we een
toren van varkens. Daarmee streven we niet
alleen naar grondoptimalisaties, maar ook
naar stimulatie van een aantal nieuwe syner-
gieën waarmee een nog grotere verdichting

veroorzaakt kan worden. Zo kan bovenin het
gebouw een gemeenschappelijke bio-keuken
gerealiseerd worden, et cetera.
Beneden is de slachterij waar de varkens
comfortabel naar hun dood geleid worden.
Tussenin bevinden zich de veertig boerderij-
vloeren: perfecte omgevingen voor varkens
om op te groeien, een soort dorpsgemeen-
schappen. Er zijn delen met: baden, douches,
cafés en lekker eten. Er zijn prachtig geoutil-
leerde sekszones. Het is heerlijk om daar
te wonen. Van het plafond kun je gewoon
smullen. Overal hangt stro. Je kunt het als
toiletpapier naar beneden trekken. De appels
vallen niet ver van de boom en je kunt over-
dag ook buiten zonnen (twee uur volgens de
Europese regelgeving). Het formaat van de
balkons is hierop afgestemd. Eigenlijk doet
het gebouw denken aan een woongebouw
voor mensen. Varkens en mensen beginnen
gelijkwaardig te worden. Dát is eigenlijk de
boodschap.
Voor de export moeten de varkens bij elkaar
gehouden worden. Rotterdam is dan een
logische locatie, bij de haven. *PigCity*. Welcome to The Netherlands. Met zo'n gebouw
wordt voedselproductie weer monumentaal,
aantrekkelijk en mooi.
U heeft de discussie kunnen volgen. Er waren
debatten op verschillende plekken. Het
kinderprogramma Sesamstraat heeft er zelfs
afleveringen aan gewijd. We hebben docu-
mentaires gemaakt en Pim Fortuyn nam het
op in zijn boekje. Wat is er voortgekomen uit
het debat? In Lieshout is de eerste gestapelde
stal gemaakt, maar dan in de vorm van een
'shed'. De stal is drie verdiepingen hoog,
maar verborgen achter klassieke architectuur.

included it in his book. And what has been
the upshot of that debate? In Lieshout, the
first stacked sty has been erected in the form
of a shed. It is three storeys high, hidden
behind classical architecture. And the port
of Amsterdam has seen the first intensive,
integrated food production unit using an ecological *cradle to cradle* method. What we can
learn from this is that architecture can help
to introduce and slowly realise the debate. It
is the discipline that is best suited to visualise
processes spatially, inspire people and bring
about modernisation.

Conclusion

I would like to end with a number of points
that concern the formulation of a broadened
and practical theory. This relates to both
'contents' and 'depth'. Therefore, we need
to continue researching. This was the done

thing in the 1990s, but became less prevalent
due to the emergence of regressive architects
who maintained a plea for classical norms and
values, and autonomous architects who cham-
pioned a return to classical traditions (which is
something that all architects do already! After
all, we are professionals!) But this is inevitable
due to bigger agendas such as sustainability
and identity and once again provides a positive perspective for future research.

Skycarcity

I already illustrated one such example in KM3
in the form of an advertisement for what is
going to happen: a fantastic installation on
which you fly through the city. This will lead
to a completely different city. But how far
off is it? Why are we spending so much time
on all sorts of legislation and infrastructure if
something else is going to happen? Is the *sky*

In de Amsterdamse haven komt de eerste intensieve, geïntegreerde voedselproductie op een ecologische 'cradle to cradle' manier tot stand. Wat we hier van kunnen leren, is dat architectuur kan helpen het debat op gang te brengen. Architectuur is de discipline bij uitstek om processen ruimtelijk te visualiseren, daarmee mensen te inspireren en vernieuwing te realiseren.

Conclusie

Ik wil eindigen met een oproep voor verdere en praktische theorievorming. Naast 'inhoud' gaat het ook om 'diepte'. Doorgaan dus met onderzoek! In de jaren negentig was onderzoek 'bon ton'. Dit werd wat minder door de opkomst van de regressieven in de architectuur, die een pleidooi hielden voor klassieke normen en waarden en de autonomen in de architectuur, die een terugkeer naar het klassieke ambacht bepleitten (iets wat elke architect toch gewoon al doet! We zijn toch professionals!). Door de grotere agenda's als duurzaamheid en identiteit is onderzoek nu onvermijdelijk en levert het weer een positief perspectief op voor onderzoek naar de toekomst.

Skycarcity

Eén voorbeeld heb ik al aangekondigd in het boek *KM3*, in de vorm van een soort advertentie voor een toekomstige ontwikkeling: een prachtige installatie waarmee je door de stad vliegt. Deze ontwikkeling zal leiden tot een volkomen andere stad. Hoe ver zitten we daar vanaf? Waarom besteden we zoveel aandacht aan allerlei regelgeving en infrastructuur als er misschien iets anders aankomt? Is de 'sky car' echt nog zo ver weg? General Motors en anderen ontwikkelen

car really so far off? *General Motors* and others already develop such cars, with the *Sky car* recently selling for $500,000. We can return 40% of American cities to nature in one go. All sorts of *shortcuts* are possible. A 3D density model for flight movement has been created. Is this architecture? It has fantastic consequences. Or suburbia will expand even more. The 3D city is perhaps closer than you think. *Skycarcity* speculates and reasons about what could happen, including the consequences of the existence of all sorts of connections with every attendant activity (do we need to concentrate these again?), the need to be able to brake and the 'evasive behaviour' of aircraft (how big are these funnels?). Perhaps we will be living closer to these air routes, creating beautiful airways with docking stations everywhere. We are looking into plazas and spaces that will be created. Here, architecture will achieve the organic forms of which it has dreamt for decades in one fell swoop. Here, the parametric is possible. But is it useful? And how will the environment react?

Participation: the spacefighter

It is clear that we cannot act alone. Architects are not Gods. The time is right to use computers to mobilise people, to visualise cities and discuss alternatives. More and more people can be involved in the design of buildings and cities. A sort of space fight. The best solutions can be generated using software. Is this extreme form of participation bad for the architect? Is the role of architecture played out? Is the state of nihilism that this could create wrong? Or are we so stupid that we have focused on our classical fields for too

long? Have we sketched for too long? Should we not have been quicker to latch on to similar tendencies?

Such software (with the working title: The Spacefighter) can go beyond making scenarios, going from 'What if' to 'Yes, but'!, whereby we rise above linear scenario-based theories.

The WhyFactory

In January, I will open the *WhyFactory*, a research institute that will produce question marks. It will concentrate on future cities. Model-based. Useable. And interactive. It will nestle between several companies and institutes: Delft University of Technology, Delft School of Design, the Berlage Institute and MVRDV. The institute will endeavour to translate the message of architecture theorist Arie Graafland and others into images. The objective is to research arguments by using image production. In this way, an attempt is made to seek a connection with a younger group of professionals who are unwilling to wade through countless dissertations but who strive to absorb the complexity of the building process and urban development practices nonetheless. We hope that this project will enable them to take a step forward. I hope to be able to follow up on the black hole theory, which will hopefully in turn lead to a clearer objective for architecture in the future.

dergelijke luchtauto's. 'Sky car' - net verkocht voor 500.000 dollar. We kunnen veertig procent van de Amerikaanse steden in één keer teruggeven aan de natuur. Er ontstaat een driedimensionaal dichtheidspatroon van vliegbewegingen. Is dat architectuur? Dit heeft geweldige gevolgen. Of er ontstaat een nog groter suburbia. En driedimensionale steden komen misschien wel veel dichterbij. In *Skycarcity* wordt gespeculeerd en beredeneerd wat er allemaal kan gebeuren ten gevolge van het ontstaan van allerlei verbindingen, met alle drukte van dien (moeten we ze weer concentreren dan?); de noodzaak om te kunnen remmen en het daarmee samenhangende 'ontwijkingsgedrag' van vliegtuigen. Misschien gaan we weer dicht tegen deze luchtwegen aan wonen. Er ontstaan dan prachtige luchtstraten met overal 'docking stations'. We onderzoeken de pleinen en ruimtes die dan gaan ontstaan. Hier krijgt de architectuur in één keer de organische vormen waarvan al decennialang gedroomd wordt. Hier wordt het parametrische wellicht mogelijk. Maar is dit zinvol? En hoe reageert de omgeving daarop?

Participatie: de spacefighters

Juist in deze tijd kunnen we computers gebruiken om mensen te mobiliseren, om steden te visualiseren en alternatieven te bespreken. Steeds meer mensen kunnen zo betrokken worden bij het ontwerpen van gebouwen en steden. Een soort 'Spacefighting'. Met software kunnen de beste oplossingen gegenereerd worden. Is deze vergaande vorm van participatie slecht voor de architect? Is de rol van de architectuur dan uitgespeeld?

Is het nihilisme dat zou kunnen ontstaan verkeerd? Of zijn wij zo achterlijk dat we te lang hebben gefocussed op onze klassieke domeinen? Hebben we te lang alleen maar geschetst? Hadden we niet al eerder moeten aanhaken bij dergelijke tendensen? Een dergelijke software (met als werktitel: *The Spacefighter*) kan verder gaan dan alleen maar scenario's maken. Het is interactief van "What if" naar "Yes, but"! We ontstijgen daarmee het lineaire scenariodenken.

The WhyFactory

In januari open ik de *WhyFactory*, een onderzoeksinstituut dat vraagtekens zal produceren. Het concentreert zich op toekomstige steden. Modelmatig. Toepassend. Interactief. Het nestelt zich tussen een aantal bedrijven en instellingen in: de Technische Universiteit in Delft, de Delft School of Design, het Berlage Instituut en MVRDV. Het instituut probeert het woordelijke van architectuurtheoreticus Arie Graafland en anderen om te zetten in beelden.

Het doel is: argumenten middels beeldproductie onderzoeken. Op die manier wordt geprobeerd aansluiting te vinden bij een jongere beroepsgroep die zich niet eerst door talloze dissertaties heen wil werken, maar die wel de complexiteit van de bouwproductie en stedenbouwkundige praktijken tot zich wil nemen. Met dit project hopen we al het bovenstaande nog een stapje verder te brengen. Ik hoop de 'zwarte-gaten-theorie' te vervolgen, wat hopelijk leidt tot duidelijker doelen voor de architectuur van de toekomst.

Mels Crouwel

Essay 08

Mels Crouwel (1953) was government architect (October 2004 – August 2008) at the time of the symposium. Together with Jan Benthem, he has been at the helm of Benthem Crouwel Architekten BV since 1979. At the close of the day, he reflected on the lectures and the theme of *The Destiny of Architecture.*

About 9 months ago, I was asked if I would be prepared to close this symposium. At the time, the programme contained a number of international architects and I thought: 'This will never get off the ground.' When I was approached again a month ago and told that it would only be Dutch architects in attendance, I once again thought: 'It'll be a waste of time but I'll do it anyway (despite the fact that I had another appointment on the same day) because I'm conscientious like that.' I have experienced these sorts of events before – events in which architects are asked to discuss a particular theme, in a programme that is too expansive, within a schedule that is far too tight, and you know more or less what you're going to get. But imagine my surprise; today we have experienced a sublime variation on the theme. Although we have only had presentations, discussion has followed none-theless. The quality of the work is unbeliev-ably high and there have been clear differ-ences in opinion. And this is why we are so successful abroad, why people like what we do, because what we do is very good. And it is also nice that, despite the lack of international speakers, we have seen a significant number of foreign projects. There were no dull, long-winded lectures. And the presentations have improved substantially in comparison to a few years ago. The lectures and the images were also very good.

Most presentations, of course, are nothing more than glorified agency presentations or repetitions of work already presented, but I have to say that the speakers all endeavoured to stick to the theme. The future is created yesterday and today. Architecture is a slow process, particularly if you look at it from idea to realisation. Plans for the next twenty years are being thought up now, meaning that no-one can expect to continually hear new ideas. In the meantime, innovation continues, which is something that we have to realise. I will attempt to briefly discuss every speaker, which, despite its inherent risk, is worth a try.

Ole Bouman was one of the few to use the words *sustainability* and *development* in relation to the themes of the day, which is perhaps a little strange given that sustain-ability is currently the number one subject

Mels Crouwel

Essay 08

Mels Crouwel (1953) was ten tijde van het symposium Rijksbouwmeester (oktober 2004 – augustus 2008). Samen met Jan Benthem geeft hij sinds 1979 leiding aan het bureau Benthem Crouwel Architekten BV. Aan het einde van de dag reflecteerde hij op de lezingen en het dagthema *The Destiny of Architecture.*

Zo'n driekwart jaar geleden werd me gevraagd deze dag af te sluiten. Er was een programma bedacht met veel internationale architecten en destijds dacht ik: "Dat kan nooit wat worden." Toen ik een maand geleden opnieuw werd benaderd – ik had intussen ook een andere afspraak op deze dag – en ik hoorde dat er alleen nog maar Nederlandse architecten zouden komen, dacht ik weer: "Dat wordt niks, maar ik doe het natuurlijk wel, zo plichtsgetrouw ben ik." Ik heb meer van dit soort pogingen meegemaakt om architecten te laten spreken over een bepaald thema, in een overvol programma, met een veel te strak tijdschema, en dan weet je ongeveer wat je krijgt. Maar wat schetst mijn verbazing; vandaag hebben we te maken met een sublieme variant daarop. Hoewel we alleen nog presentaties hebben gehad, is de discussie eigenlijk al op gang gekomen. De kwaliteit van het werk is onvoorstelbaar hoog en er zijn duidelijke verschillen in visie. Dan zie je waarom wij het in het buitenland zo goed doen, waarom ze ons zo goed vinden, want dat zijn we gewoon. En het is ook aardig dat, ondanks dat er geen internationale sprekers zijn, we ongelooflijk veel van het buitenland hebben gezien. Dus het waren geen saaie, ellenlange praatjes. Daarbij is de kwaliteit van de presentaties enorm verbeterd ten opzichte van een aantal jaren geleden. De praatjes én de plaatjes zijn goed.

De meeste presentaties zijn natuurlijk veredelde bureaupresentaties of een herhaling van eerder getoond werk, maar ik moet zeggen dat de sprekers allemaal hun best gedaan hebben om ook op het thema in te gaan. Daar komt bij dat de toekomst natuurlijk gisteren en vandaag gemaakt wordt. Architectuur is een langzaam proces, zeker als je rekent van idee tot realisatie. De plannen voor over twintig jaar worden nu bedacht. Je kunt dus niet verwachten voortdurend nieuwe dingen te horen. Intussen is die vernieuwing er doorlopend en dát moeten we ons steeds goed realiseren. Ik zal een poging wagen om alle sprekers kort te bespreken. Dat is bloedlink, maar ik wil het wel proberen.

Ole Bouman heeft als een van de weinigen de woorden *duurzaamheid* en *ontwikkeling* in de

for politicians and media alike. You might ask yourself, therefore, if we as architects are sufficiently engaged in this subject. Perhaps the presence of a large number of architecture students was the reason for the lack of discussion. However, I think it's worth stating that there is a world of difference between what you heard today and what is currently happening, even at the Ministry of Housing, Spatial Planning and the Environment, under whose jurisdiction I am currently employed as government architect.

Ivo Opstelten is evidence of the fact that the position of the architect is nowhere near as bad as generally believed. We even heard how directors take architects seriously. 'City branding' – the use of architecture as a product with which to set the city apart – is currently being used in almost grotesque proportions. The mayor clearly stated how important, in his opinion, creative industry is for the city. The contribution that we can provide at the outset of every process is much greater than we think and this should receive increased attention in the new architecture policy document which is being drawn up.

Therefore, we are not only talking about the increased promotion of Dutch architecture abroad, because that is slowly but surely taking care of itself – most embassies and cultural attachés abroad have been inviting Dutch architects for many years now. Next week, for example, the 'creative week' in Shanghai will feature presentations by a large number of agencies, with 2.000m² having already been rented by the Dutch embassy. Foreign success is ongoing, despite many thinking at the turn of the millennium that it was behind us. And we have seen many examples of that today. It is now about applying all that thinking power in our own country in the future. We must ensure that design research in the Netherlands is given a much more important position in planning. It is also necessary to reduce pressure applied by legislation, which would in turn reduce the time spent on projects. I think that if designers are brought in at the outset, processes will become faster.

The first architect, Francine Houben, gave an extremely professional agency presentation. I thought it was nice how it was linked very personally to her life. Her presentation – which fitted nicely with the argument forwarded by Willem Jan Neutelings – showed that if you produce high-quality work and treat the context seriously, take your themes from there and then build with incredible precision, that this is what constitutes the expertise for which we are already renowned abroad. Moreover, it comes at a reduced price because we are more accustomed to budget limitations than our foreign colleagues.
She was also critical, albeit less than Neutelings, of the megalomaniacal designs for the Gazprom towers in Moscow and of a number of celebrity architects. However, she also conceded to being more open to the idea now and that success is addictive. Therefore, I won't be surprised to see her design such a towers in a year or two. She showed us the plan for the Mekelweg in Delft. Only last week, I cursed her as I tried to take a short cut to the Faculty of Architecture to see

mond genomen. Terugkijkend kun je zeggen dat die thema's vandaag nauwelijks aan de orde zijn gekomen, en dat terwijl duurzaamheid in de politiek en de media onderwerp nummer één is. Je kunt je dus afvragen of wij ons daar als architecten wel voldoende mee bezighouden. Wellicht werd er weinig over gesproken, omdat dit een bijeenkomst is waar veel architectuurstudenten aanwezig zijn. Maar ik denk wel dat geconstateerd moet worden dat er een groot gat zit tussen wat je hier vandaag hoort en wat er op het ogenblik aan de hand is, ook op het ministerie van VROM waar ik op het ogenblik als rijksbouwmeester onder ressorteer.

Ivo Opstelten is een bewijs van de stelling dat het met de architectenstand en het beeld daarvan lang zo slecht niet is gesteld als over het algemeen wordt aangenomen. We hebben nu gehoord dat bestuurders architecten zeer serieus nemen. 'Citybranding', het gebruik van architectuur als product om je als stad te profileren, neemt op het ogenblik bijna groteske vormen aan. De burgemeester heeft heel duidelijk aangegeven hoe belangrijk hij de creatieve industrie voor zijn stad vindt. De bijdrage die wij kunnen leveren aan het begin van alle processen is veel groter dan we denken en er ligt een taak daar in de nieuwe architectuurnota in wording meer aandacht aan te besteden.

Het gaat dus niet alleen om nog meer promotie van de Nederlandse architectuur in het buitenland, want dat begint zo langzamerhand goed te lopen – de meeste ambassades en culturele attachés in het buitenland hebben de laatste jaren volop Nederlandse architecten uitgenodigd. Volgende week is in Shanghai bijvoorbeeld de 'creative week' waar veel bureaus zich presenteren en waar tweeduizend vierkante meter is afgehuurd door de Nederlandse ambassade aldaar. Het succes in het buitenland, waarvan begin deze eeuw velen dachten dat het voorbij was, gaat dus nog steeds door. Daar hebben we vandaag vele voorbeelden van gezien. Het gaat er nu om dat al die denkkracht in de toekomst wordt aangewend in ons eigen land. We moeten ervoor zorgen dat het ontwerpend onderzoek in Nederland een veel belangrijker plaats in de planvorming gaat krijgen. Het is vervolgens noodzakelijk om de regeldruk te verlagen, waardoor de doorlooptijd van projecten korter wordt. Als ontwerpers meer in het begin van het traject worden ingeschakeld, denk ik dat processen sneller kunnen verlopen.

De eerste architect, Francine Houben, heeft een uitermate professionele bureaupresentatie gegeven. Het mooie vond ik dat zij daar een zeer persoonlijke levensloop aan verbond. Uit haar presentatie blijkt – en daarmee sluit ze aan bij het betoog van Willem Jan Neutelings – dat als je gewoon heel goed je werk doet en heel serieus met de context omgaat, je thema's daar uit haalt en vervolgens met een ongelooflijke precisie bouwt, dat dát het vakmanschap is waar wij ook in het buitenland om bekend staan. Daarbij kunnen wij het ook net iets goedkoper, omdat wij meer gewend zijn aan budgetbeperkingen dan onze buitenlandse collega's.
Zij was ook kritisch, zij het minder dan

a couple of new buildings, found the road blocked and ended up in the sand beside the Moshe Zwarts petrol station. The question is whether you can create a campus by eliminating a road and adding a green zone. But it is a courageous attempt nonetheless.
Her work is becoming ever more powerful and she told us that it is also becoming more monumental, which for someone from the modernist school is an enormous development. She has removed *De Boogjes* built by the architect Hammel, whom I can still remember giving a somewhat tedious lecture shortly after the building was completed in which he showed 30 slides of *De Boogjes* and for each one said: 'You've seen it all before', and 'You've never seen anything like it.' It is a daring move to remove the arches from a project that bears that very name. Her subsequent plans illustrated that it is possible to use a Dutch approach to create fantastic projects in foreign countries without mimicking those countries. And I was pleasantly surprised by the rapidity which that can take after a faltering start.

I know Ronald Rietveld well due to plan he won for IJmuiden and the plan for Rotterdam that he presented. And once again, we have seen that we need not be afraid of a lack of young talent. In my work as government architect, I try to give young people opportunities as soon as I can. But someone like Ronald Rietveld creates opportunities for himself by presenting his plans in such a way that everyone understands them immediately.
The belief in the makeability of the Netherlands – that some people are losing – radiates

from his plans. And his integrated approach has an incredible power.

Then came Wiel Arets and his flying car. He also mentioned legislation, which in the Netherlands has gone too far as a result of the polder model – a fact also mentioned by Brinkman. But don't think that slackening legislation will provide a solution. I think that we have to approach building construction in a more innovative way in order to quicken procedures. Arets is of the opinion that we should once again turn to luxury and ideology, which are the result of the successes we have had in the past and from which we can still profit before the next slump rears its ugly head. In terms of comfort, we no longer think about minimum solutions but often go straight for the maximum ones. The national and international projects that Arets presented showed that if computer images are actually constructed the result is incredibly detailed. The link to Alessi's industrial design; the feeling for material and detail that was so beautifully illustrated with the Hedge House; the connection between the small, the interior and the big, the surroundings, is all incredibly important in his work. We are next door to the tower that is to be built beside the Amsterdam Arena. It has not yet been constructed and despite the fact that the wind problem has been solved, there are still a great many other problems to be overcome in the area.

A common denominator in every lecture was the fact that we are trailing way behind in terms of public space. There is often talk of

Neutelings, over de megalomane ontwerpen voor de toren van Gazprom in Moskou en over een aantal sterarchitecten. Maar daarna moest ze toch toegeven dat ze daar zelf nu ook meer voor open staat en dat succes verslavend werkt. Dus ik zie haar over een paar jaar nog wel met zo'n toren komen. Zij heeft het plan voor de Mekelweg in Delft laten zien. Vorige week heb ik haar nog vervloekt toen ik probeerde even snel naar Bouwkunde door te steken om een paar nieuwe gebouwen te bekijken. Dat kon niet meer en ik kwam uiteindelijk bij het pompstation van Moshe Zwarts in het zand terecht. Het is de vraag of je met het weghalen van een weg en de toevoeging van groen een campus kunt maken. Maar het is een moedige poging. Haar werk is steeds krachtiger aan het worden en ze vertelt dat het ook steeds monumentaler wordt, wat voor iemand uit de school van het modernisme een enorme ontwikkeling is. Ze heeft *De Boogjes* van architect Hammel weggehaald. Ik kan me nog een saaie lezing van Hammel herinneren toen het gebouw net klaar was. Hij liet dertig dia's van *De Boogjes* zien en bij elke dia zei hij: 'U kent het allemaal,' en 'U kent het nu niet meer.' Het is gedurfd om bij een project dat *De Boogjes* heet diezelfde boogjes weg te halen. De plannen die ze daarna toonde, laten zien dat je met een Nederlandse insteek in het buitenland, zonder het buitenland na te doen, fantastische projecten kunt maken. En ik was werkelijk blij verrast door de vlucht die dat, na een aarzelende start, kan nemen.

Ik ken Ronald Rietveld inmiddels goed via een door hem gewonnen plan voor IJmui-

den, maar ook via het plan voor Rotterdam dat hij liet zien. Het blijkt maar weer dat wij absoluut niet bang hoeven te zijn voor een tekort aan jong talent. In mijn werk als rijksbouwmeester probeer ik jonge mensen zo snel mogelijk een kans te geven. Maar iemand als Ronald Rietveld creëert ook zelf zijn kansen door zijn plannen zo te presenteren dat iedereen ze meteen snapt. Het geloof in de maakbaarheid van Nederland, dat sommigen aan het verliezen zijn, straalt van die plannen af. En de geïntegreerde aanpak is een waanzinnige 'power' bij hem.

Toen kwam Wiel Arets met de vliegende auto. De regelgeving werd door hem een paar keer genoemd. We zijn in Nederland, door het gepolder waar ook Brinkman over sprak, inderdaad te ver doorgeschoten in de regelgeving. Maar je moet absoluut niet denken dat versimpelen van de regelgeving een oplossing is. Ik denk dat we op een meer innovatieve manier met de bouw om moeten gaan om processen te versnellen. Arets is van mening dat we de luxe en de ideologie tegenwoordig weer mogen gebruiken. Die zijn natuurlijk het resultaat van de goede periode die we achter ons hebben liggen en waar we nu nog net van profiteren, voordat we de volgende dip weer ingaan. Wat comfort betreft denken we niet alleen meer in minimum oplossingen, maar schakelen we vaak meteen door naar maximum oplossingen. De binnen- en buitenlandse projecten die Arets heeft laten zien, tonen dat als de computerplaatjes daadwerkelijk gebouwd worden, het resultaat fantastisch gedetailleerd is. De verbinding met het industrieel ontwerp van

Mels Crouwel
Architectuurbulletin 05

a crisis in architecture but in my opinion that is simply not the case. I think that there may well be something of a crisis in urban development and in how we deal with public spaces. I also think that the government needs to give this issue a great deal more consideration in its policies in the coming period. Brinkman has given the issue some attention, albeit somewhat concealed, by speaking about the creation of pleasant public spaces, the ensembles.

I am very intrigued by Arets' museum with the glass skin and I hope that it will become one of the talking points of the South Axis. Whatever the case may be, the South Axis is now one of the best locations in the Netherlands in terms of realising an integrated neighbourhood with several innovative solutions rather than the umpteenth international business district. Arets' goes a step further. He has been able to gather his products together into a fantastic production, which further clarifies the relationship between the interior, the object and urban development. And I am a huge fan of his library.

Jochem Heijmans' work is proof that you should, as Neutelings argued, simply talk about architecture, also when it is related to the future. And that it is also possible to achieve incredible results by taking a small project and applying research and experimentation to it. He called himself the 'director of the process.' Incidentally, little has been said today about the idea that the architect is no longer steering the ship. I refute this and the presentations today have proven to me that the architect and the client can fulfil a wide variety of roles at the heart of the project. Jochem Heijmans is proof that it is possible on both a small and a large scale.

Ben van Berkel was the first architect to include the philosophers, which was commonplace a few years ago. While he has used them in his work more than any other, he has been just as quick to stop again. He told us that we are always creating the ruins of the future, which was funny given Winy Maas' illustration of the pavilion in Hanover that became a ruin in no time. I have been in the Mercedes-Benz Museum and it is an unbelievable building. That museum illustrates that Neutelings' view is only partially true. It is important that Van Berkel builds more than just those heavy buildings on the ground and also shows us that flying car; that 'flow' which according to Neutelings doesn't exist, but that actually functions in the Mercedes-Benz Museum. The two lectures compliment one another perfectly.

Van Berkel spoke about the computer and how it is used, not only for buildings but as a means of communication as well. The latter point confirms Winy Maas' idea that we have to make far better use of the computer in our processes. In brief, it's about the future; how we tackle it and how our children think, because they no longer think in terms of buildings that stand on flat surfaces. None of this, however, is anything new, look at *Walking City* by Ron Herron from the late 1960s, which is about a time when our buildings start to walk and move. It may not happen for everyone, but it will happen.

Alessi; het gevoel voor materiaal en detail dat ook in het Hedge House zo mooi naar voren komt; de verbinding tussen het kleine, het interieur en het grote, de omgeving, dat is allemaal van waanzinnige waarde in zijn werk. Wij staan dus inderdaad naast zijn toren die gebouwd moet worden in het gebied van de Ajax-Arena. De toren staat er voorlopig nog niet, ook al is de windproblematiek nu opgelost, omdat er nog enorm veel andere problemen in dat gebied zijn.

Een gemeenschappelijk punt van alle lezingen is de vaststelling dat we ver achterliggen als het gaat om het omgaan met de openbare ruimte. Er is vaak gesproken over een crisis in de architectuur, maar die is er volgens mij absoluut niet. Ik denk dat er sprake is van een kleine crisis in de stedenbouw en in het omgaan met de openbare ruimte. Ik denk dat de overheid daar de komende tijd in haar beleid veel meer aandacht aan moet besteden. Brinkman heeft hier, zij het wat verscholen, aandacht aan besteed door te spreken over het prettig maken van de openbare ruimte, de ensembles.

Ik ben erg benieuwd naar Arets' museum met de glazen huid. Ik hoop dat het een van de spraakmakers van de Zuidas zal worden. De Zuidas is nu sowieso een van de beste locaties in Nederland als het gaat om het realiseren van een geïntegreerde wijk met een aantal innovatieve oplossingen en niet de zoveelste internationale zakenwijk. Arets' gaat nog een stap verder. Hij heeft zijn producten in een fantastische uitgave bij elkaar weten te krijgen waardoor de samenhang tussen het interieur, het object en de stedenbouw nog eens extra duidelijk gemaakt wordt. En ik ben een grote fan van zijn bibliotheek.

Het werk van Jochem Heijmans is het bewijs dat je, ook als het om de toekomst gaat, gewoon alleen maar over architectuur moet praten, zoals ook Neutelings betoogd heeft. Dat je ook bij een heel klein project door middel van onderzoek en experiment tot een waanzinnig resultaat kunt komen. Hij noemde zichzelf 'de regisseur van het proces'. Overigens is er vandaag niet gesproken over het idee dat de architect niet meer aan het roer zou staan. Ik geloof dat absoluut niet en juist vandaag blijkt uit alle presentaties dat de architect samen met de opdrachtgever in allerlei verschillende rollen nog steeds in het centrum van het project kan staan. Jochem Heijmans bewijst dat dit in het heel klein en het heel groot kan.

Ben van Berkel was de eerste architect die de filosofen erbij haalde. Dat werd een aantal jaren geleden veel vaker gedaan. Maar hij heeft er in zijn werk meer mee gedaan dan de anderen, hoewel hij er ook snel mee opgehouden is. Hij vertelde over het probleem dat je altijd de ruïne van de toekomst maakt. Het aardige was dat Winy Maas dat verhaal illustreerde met het paviljoen in Hannover, dat wel heel snel een ruïne is geworden. Ik ben in het Mercedes-Benz Museum geweest en dat is een waanzinnig gebouw. Dat museum laat overigens zien dat het verhaal van Neutelings voor een deel niet klopt. Het is belangrijk dat Van Berkel verder gaat dan die zware gebouwen op de grond en wel degelijk

Marten de Jong, from Emma, was the most concise of all; making the development from ideology to beautiful buildings in a very short space of time. I don't know if he is closer to Neutelings or to the other speakers but I wish him every success. It was striking how the more notable speakers, if I can put it like that, stuck to the time allotted to them. But it was even more difficult to present a good story in three minutes and it was great to see that the intermezzos were all so clear.

Willem Jan Neutelings was the only speaker who stuck 100% to the theme today, delivering an iron clad speech that was 80% true. The profession deserves a greater debate concerning architecture and the ways and means by which it is created. For Neutelings, it is about more than simply the construction, the floor and the façade. It was wonderful to hear him tell us how architects should go about their business. However, I also know that he only put forward one side of the story on purpose, and that, in reality, he is also an advocate of the other 20% – which would not appear to be the case judging by today's evidence – otherwise he wouldn't make the kind of buildings that he does. There would, undoubtedly, have been a number of architects in the hall thinking: 'Great, finally someone that only wants to talk about buildings.' But the world has changed and it is important to understand that we are not only concerned with a single building or a garden or a road, but also with the integral character of architecture – a point that was seldom heard in Neutelings' plea.

ook die vliegende auto laat zien; die 'flow' die volgens Neutelings niet bestaat, maar die in het Mercedes-Benz Museum gewoon wel functioneert. Die twee verhalen vullen elkaar mooi aan.

Van Berkel sprak over de computer en het gebruik daarvan, niet alleen voor de gebouwen maar ook voor de communicatie. Met dat laatste bevestigt hij het verhaal van Winy Maas dat we die computer veel beter in onze processen moeten gaan gebruiken. Kortom, het gaat over de toekomst; hoe we daarmee omgaan én over hoe onze kinderen denken, want die denken niet meer in gebouwen die plat op de grond staan. Het is allemaal al een keer bedacht, zie *Walking City* van Ron Herron eind jaren zestig. Het gaat over een tijdje wel degelijk gebeuren dat onze gebouwen gaan lopen en bewegen. Niet voor iedereen, maar het gaat wel gebeuren.

Marten de Jong, van het bureau Emma, was het simpelst en duidelijkst van allemaal; in een hele korte tijd een ontwikkeling van ideologie naar mooie gebouwen maken. Ik weet niet of hij daarmee dichter bij Neutelings aansluit of juist bij de andere sprekers, maar ik wens hem veel succes. Het was opvallend hoe goed de 'grote' sprekers, om het zo te noemen, zich aan de tijd hielden.Maar het is nog veel moeilijker om binnen drie minuten een goed verhaal af te steken en het aardige is dat de intermezzo's allemaal hartstikke duidelijk waren.

Willem Jan Neutelings was de enige die zich echt goed aan het thema van vandaag hield. Hij had een ijzersterk verhaal dat voor tachtig procent waar is. Het vak verdient het dat er veel meer gesproken wordt over architectuur en de middelen waarmee en de wijze waarop die gemaakt wordt. Bij Neutelings gaat het niet alleen maar om de constructie, de vloer en de gevel. Het is fantastisch hoe hij weet te vertellen over hoe een architect met zijn vak moet omgaan, En ik weet ook dat hij dit expres alleen van die ene kant heeft belicht, maar dat hij eigenlijk ook voorstander is van die andere twintig procent – waarvan het nu net lijkt of hij daar tegen is – omdat hij anders niet het soort gebouwen zou maken dat hij maakt. Er zullen een hoop architecten in de zaal zitten die denken: "Gelukkig, eindelijk weer eens iemand die het gewoon weer over gebouwen wil hebben." Maar de wereld zit niet meer zo in elkaar. Het is belangrijk om te weten dat we het niet meer over één gebouw, één tuin, één weg hebben, maar over het integrale karakter van de architectuur en dát kwam in Neutelings' verhaal te weinig aan bod. Het voorbeeld van Columbia waar hij helemaal gek weg is gelopen, kan ik goed volgen. Maar ik vind toch dat de verhalen van vandaag hét bewijs zijn dat twintig procent van zijn verhaal niet klopt. Niettemin raad ik hem aan niets aan zijn verhaal te veranderen en zijn gebouwen te blijven bouwen zoals hij dat nu doet.

Dat we niet alleen het kleine percentage uitzonderingen en blitse gebouwen moeten bespreken, wat natuurlijk hier wel aan de orde is, maar ons ook moeten inzetten voor het overige percentage, is natuurlijk iets waar ik als rijksbouwmeester bij betrokken ben. Want ik ben 'het geweten van de architec-

His example about Columbia where he ran screaming from the building is a familiar one. But I still think that the lectures today are proof that twenty percent of his speech was wide of the mark. Nevertheless, I recommend that he sticks to his story and continues to design the type of buildings that he has been doing.

We must talk about more than the small percentage of exceptions and trendy build- ings – which is, of course, the point of the symposium – but also apply ourselves to the remaining percentage, which, as the govern- ment architect and so-called 'conscience of architecture in the Netherlands', is something I am concerned with. Everything is going well with that type of architecture and architects and it is no longer a point of discussion in gov- ernment circles, which is a shame, confirming Neutelings' point. It is extremely important that greater attention is paid to the surround- ings and particularly the quality of housing for large groups of people. It has already been mentioned that Rotterdam is full of weird buildings but it's not a city. I couldn't agree more. And the recent urban vision for Rotter- dam lacks a vision for public spaces, although perhaps I have not seen the most up-to-date version. This again confirms that there is work to be done on urban development, on good designs made for large groups of people and not only for the 40 deprived neighbourhoods that Minister Vogelaar is now tackling. I always say that the problem is better than expected if you can pinpoint 40 neighbourhoods and think that you can solve the problems over the course of a decade, but, of course, there

are far more areas that will require quick and high-quality modernisation in the coming years too. Not only in the Netherlands, but around the world.

Last year, prior to formulating the plan for architecture policy beyond 2008, I had several meetings with the other government advi- sors at which both Winy Maas and Ben van Berkel were present. In order to develop the policy document, for which we are providing our advice, I would like to brainstorm with a number of you. Brinkman called the debate 'a quagmire'. While it is a quagmire in the Neth- erlands, the climate has improved with the new government that, as far as our profession is concerned, is less concerned with politics and more with content. I think that we can reach a conclusion by refraining from such debates in small auditoria. I only hope that the ministers can get their Ministries to cooper- ate, which is not yet clear at this point in time.

Then came Winy Maas. His speech was the complete opposite of Neuteling's, without the benefit of having heard it. What is nice about MVRDV, of course, is that it is success- ful in building the research and experiments that it preaches about. With the risk that the client is sometimes less than happy with the result. It is important to build a blue house on a roof, but only once, for one person and then you've made your point. The same goes for the flat in Madrid. Only recently, I heard a group of Dutch project developers evaluating a trip. Everyone agreed that it should not be repeated and definitely not in the Nether- lands. But it's a fact, Maas himself said that

tuur' in Nederland. Met die architectuur en die architecten zit het goed en het gaat er in Den Haag dan ook praktisch niet meer over. Dat is soms jammer en het bevestigt Neutelings' verhaal. Het is erg belangrijk om juist de omgeving en met name de woonkwaliteit voor grote groepen mensen meer onder de aandacht te brengen. Het is al gezegd, Rotterdam staat vol met gekke gebouwen, maar het is geen stad. Ik ben het daar helemaal mee eens en ook in de recente stadsvisie voor Rotterdam, hoewel ik niet weet of ik de laatste versie heb gezien, ontbreekt een visie op de openbare ruimte. Dat bevestigt weer dat er een taak ligt voor de stedenbouw, voor goede ontwerpen voor grote groepen mensen en niet alleen voor die veertig probleemwijken die Vogelaar nu onderhanden neemt. Ik zeg altijd dat het probleem wel meevalt als je veertig wijken kunt benoemen en denkt dat je de problemen daar in tien jaar opgelost hebt, maar er zijn natuurlijk veel meer gebieden die de komende tijd in hoog tempo en met een hoge kwaliteit geherstructureerd moeten worden. Niet alleen in Nederland, maar in de hele wereld.

Vorig jaar, voor het schrijven van de opzet van het architectuurbeleid na 2008, heb ik samen met de andere rijksadviseurs een aantal gesprekken gehad waarbij ook Winy Maas en Ben van Berkel aanwezig waren. Voor de verdere doorwerking van de nota, waarbij wij adviseren, zou ik graag nog een aantal van u spreken om tot goede ideeën te komen. Brinkman noemt het debat 'zompig'. Het is in Nederland zompig, maar het klimaat is verbeterd met de nieuwe bewindslieden die wat ons vak betreft iets minder op de politiek en meer op de inhoud gericht zijn. Ik denk dat we een eind zullen komen door van het zompige debat in kleine zaaltjes af te raken. Ik hoop alleen dat de ministers in staat zijn hun ministeries mee te krijgen. Daar heb ik op dit moment nog geen zicht op.

Dan Winy Maas. Zijn verhaal was het tegenovergestelde van dat van Neutelings. En dat zonder dat hij Neutelings gehoord had. Het mooie van MVRDV is natuurlijk dat het presteert om het onderzoek en het experiment dat het predikt af en toe ook te bouwen. Met het risico dat de opdrachtgever daar soms minder blij mee is. Zo'n blauw huisje op een dak moet je inderdaad een keer bouwen. Maar dat moet je één keer doen, voor één iemand en dan heb je je punt gemaakt. Ook de flat in Madrid is iets wat je wel moet bouwen. Alleen hoorde ik laatst een aantal Nederlandse projectontwikkelaars een soort evaluatie van een reisje houden. Iedereen was het erover eens dat we dat nooit meer moeten doen en zeker niet in Nederland. Maar het is een feit, Maas zegt zelf een niche te hebben ontdekt, dat MVRDV die dingen gewoon doet en tot een aantal thema's en ontwerpen komt die over twintig jaar nog geldigheid hebben.
De varkensflat is daar een fantastisch voorbeeld van, en niet alleen voor de varkens. Wij zijn in Den Haag nu bezig met een advies aan de minster over de megastallen, waarvoor het voorwerk van Winy Maas enorm belangrijk is. Ik denk niet dat die varkensflat in de haven van Amsterdam er binnen korte tijd komt. De stallen zullen uiteindelijk toch allemaal in

he'd discovered a niche in the market, that
MVRDV carry out such things and arrive at a
number of themes and designs that will still
be valid in twenty years time.
The pig flat is a fantastic example of this,
and not only for the pigs. In The Hague, we
are now working on a recommendation to
the minister concerning giant pigsties, for
which Winy Maas' groundwork is key. I don't
think that one of those sties will be built
in Amsterdam harbour any time soon. They
will all be built in outlying areas and upper
Brabant. Therefore, because the reconstruction operation was approved and brought into
action by the Lower House some time ago, a
solution must be found that involves planning
and implementation. This requires that a good
plan be drawn up for the places where the
sties are to be built, for which 50 requests
have currently been received.
The problem in the Netherlands at the moment is a lack of quality assurance with regard
to planning, which is due to the shift from
'local if you can' to 'central if you must' philosophy. There are a limited number of places
where zoning plans are assessed by high-quality people. Large plans for business estates are
signed by random agencies that have done so
frequently, but the spatial quality of the plans
is almost superfluous to requirements. We
have to work towards creating better quality
assurance throughout the entire chain, which
is also something that we will try to elaborate
on in the new architecture policy document.
Maas showed us that a number of things that
have nothing to do with our profession are
actually very important, also for the development of the architecture. I would like to

reiterate that I have a great deal of respect
for the actual construction of some of those
experiments because they are a rich breeding
ground for very good plans. The excellent
balconies and the perforations that frequently
reoccur in the work of MVRDV will provide
a true solution for the future when 40% of
housing must be realised in the built-up area,
because we don't want to saturate our land.
These are examples of what the future holds,
something that has already been attempted
in another form by Moshe Safdie at the 1967
World Expo in Montreal. Luckily, flying came
back again at the end. And the *Why Factory*
seems to me to be an interesting subject and
important for the development of our architecture climate, which, in the Netherlands, is
a good thing.

Sander Lap, the last intermezzo, is further
proof that the future is bright. We now have
30 plans on our desk for the IJsselmeer. The
idea that the IJsselmeer is a beautiful body of
water that should be left as such is thankfully
no longer the case. There are ideas to use it
to create space, in the same way as we did
in the past with land reclamation along the
coast. I think that this is a good sign. We are
now realising that everything we do abroad
should be done here too. I think it is extremely
encouraging and I hope that we can do something about those other minor problems such
as the European calls for tenders and the way
in which PPP constructions are now organised in the selections. We are working with
Minister Vogelaar to look at European legislation from two perspectives: firstly, whether
the basic regulations can be more broadly

het buitengebied en boven Brabant terecht
komen. Er moet dus gewoon, omdat die
reconstructie-operatie een tijdje geleden
door de Tweede Kamer is goedgekeurd en
ingezet, een oplossing worden verzonnen die
met planning en uitvoering te maken heeft.
Dat betekent dat er goede plannen gemaakt
moeten worden voor de plekken waar die
stallen, waarvoor nu vijftig aanvragen liggen,
gebouwd gaan worden.
Waar het in Nederland op dit moment aan
ontbreekt, is de kwaliteitswaarborg van
de plannen. Dat heeft met de filosofie van
'decentraal als het kan' naar 'centraal als
het moet' te maken. Er zijn weinig plekken
waar bestemmingsplannen door kwalitatief
goede mensen worden beoordeeld. De grote
plannen voor bedrijventerreinen worden
getekend door willekeurige bureautjes die
dat wel eens vaker gedaan hebben, maar de
ruimtelijke kwaliteit van die plannen is bijna
niet meer onderwerp van gesprek. We moeten naar een veel betere kwaliteitswaarbor-
ging door de hele keten heen. Ook dat zullen
we proberen uit te werken in die nieuwe
architectuurnota.
Maas laat zien dat een heleboel dingen
die buiten het vak liggen wel degelijk heel
belangrijk zijn, ook voor de ontwikkeling
van de architectuur. Nogmaals, ik heb grote
bewondering voor het keihard bouwen van
een aantal van die experimenten, omdat
ze een rijke voedingsbodem zijn voor hele
goede plannen. De uitstekende balkons en
de gaten die vaak terugkomen in het werk
van MVRDV, zijn absoluut een oplossing
voor de toekomst als veertig procent van de
woningen in bebouwd gebied gerealiseerd

moet worden, omdat we niet al ons land willen bebouwen. Dit zijn voorbeelden van wat
er straks gaat komen, die overigens in 1967
op de wereldtentoonstelling in Montreal
door Moshe Safdie in een andere vorm ook
al zijn uitgeprobeerd. Het vliegen kwam aan
het eind gelukkig ook nog een keer terug. En
de *Why Factory* lijkt me een zeer interessant
onderwerp en ook belangwekkend voor de
ontwikkeling van ons architectuurklimaat,
dat in Nederland gewoon goed is.

Je ziet ook aan Sander Lap, het laatste
intermezzo, dat het met die toekomst wel
goed zit. We hebben inmiddels dertig plannen liggen voor het IJsselmeer. Het idee dat
het IJsselmeer alleen maar een schitterende
watervlakte is waar je niet aan mag komen,
is gelukkig achterhaald. Er zijn ideeën om
op die plek ruimte te maken, evenals voor
landaanwinning voor de kust van Nederland
zoals we dat vroeger hebben gedaan. Ik
vind dit een heel goed teken. We komen er
nu versneld achter dat alles wat we in het
buitenland doen, dat we dat nu ook hier
moeten doen. Ik vind dit uitermate bemoedi-
gend en ik hoop dat wij iets kunnen doen aan
die kleine problemen die er verder zijn, zoals
de Europese aanbestedingen en de manier
waarop PPS constructies nu in de selecties
worden geregeld. We zijn met minister
Vogelaar bezig om op twee manieren naar die
Europese regels te kijken. Ten eerste of de
hoofdregels ruimer gesteld kunnen worden
en ten tweede of er naast en binnen het Europese beleid niet ook naar middelen gezocht
kan worden. Die zijn er in het buitenland af
en toe wel gevonden. Het zijn aanpassingen

formulated and secondly, whether alternative means can also be looked into in addition to and within European policy – something that we occasionally come across abroad. They are alterations designed to give young people an opportunity. It is a question of attitude and approach, and I think that it helps enormously if architects use days such as these to enter into discussions with policy makers. In the four years that I have as government architect, I will also try to create that link. I think that we, as the policy makers have also said, can be a tremendous help in using our land in a far better way than was thought possible a couple of years ago. We will also try, therefore, to effectively incorporate the cultural-political perspective into the new architecture policy document. It should be understood that the infrastructure is equally as important and just as easy to design as a building or a coffee pot.

om jonge mensen een kans te geven. Het is
een kwestie van houding en benadering, en
ik denk dat het enorm helpt als architecten
door middel van dit soort dagen in gesprek
gaan met beleidsmakers. In de vier jaar die ik
tot mijn beschikking heb als rijksbouwmeester, probeer ik ook die verbinding te maken.
Ik denk dat wij, zoals ook de beleidsmakers
zeggen, enorm kunnen helpen om ons land
op een veel betere manier af te maken dan
tot een paar jaar geleden voor mogelijk werd
gehouden. Wij zullen dus ook proberen
de cultuurpolitieke invalshoek goed in de
nieuwe architectuurnota te verwerken. Het
dient het besef dat de infrastructuur net zo
belangrijk is en even goed te ontwerpen als
een gebouw of een koffiepot.

Subscribe to the Architecture Bulletin
and become a Friend of the NAI

There is a way to have the Architecture Bulletin delivered through your letterbox and to gain free admission to the NAI as well, all at one stroke. To do so, just become a Friend of the NAI. Like many other museums, the Netherlands Architecture Institute has a circle of friends. The Association of Friends of the NAI, whose main mission is to support the work of the NAI, collaborates closely with the NAI in organizing activities such as excursions and previews of exhibitions. And much else besides: for example the Friends took the initiative in establishing the NAI Architecture Plaque. The Association of Friends of the NAI also runs a fund, the Lelimanfonds, which helps finance one of the institute's projects each year. The recent NL28 Olympic Fire exhibition was made possible by contributions from the Lelimanfonds.

Membership of the Friends of the NAI Association costs 43 euro per annum (reduced to only 32 euro for students and 65+ pensioners). By joining you can help support the NAI while also subscribing to the NAI Bulletin. Besides receiving the Bulletin by post, the privileges include free admittance to all the institute's exhibitions. Companies may also become members. The corporate contribution is 350 euro per annum or a multiple of this amount. For further information about the Association of Friends of the NAi, please see: www.nai.nl/e/aboutnai/friends.html.

To subscribe

To subscribe to the Bulletin and become a member of the Association of Friends of the NAI, please send an email to:
bulletin@nai.nl
or write to:
Netherlands Architecture Institute
Attn. Architecture Bulletin
P.O. Box 237
NL-3000 AE Rotterdam

Abonneer u op het Architectuurbulletin en word Vriend van het NAi

U kunt het Architectuurbulletin thuisgestuurd krijgen en als toegift het hele jaar gratis het NAi bezoeken. Dat kan door Vriend van het NAi te worden. Zoals veel musea heeft ook het Nederlands Architectuurinstituut vrienden. De Vereniging Vrienden van het NAi, die de ondersteuning van het NAi als haar belangrijkste missie ziet, organiseert in nauwe samenwerking met het NAi activiteiten als voorbezichtigingen bij tentoonstellingen, excursies en meer. Uit het Lelimanfonds, door de Vrienden van het NAi in het leven geroepen, wordt jaarlijks een van de projecten van het instituut ondersteund. De tentoonstelling NL28 Olympisch Vuur is mede mogelijk gemaakt door een bijdrage uit dit fonds. Teneinde zoveel mogelijk mensen in contact te brengen met de architectuur van de gebouwde omgeving heeft de Vereniging het initiatief genomen een plaquette te ontwikkelen met onder andere de vermelding van de naam van de architect en de bouwperiode.

De Vereniging Vrienden van het NAi kent twee soorten lidmaatschappen: persoonlijk en als bedrijf. Het persoonlijk lidmaatschap kost per jaar 43 euro (en slechts 32 euro als u student bent of 65 jaar en ouder), het bedrijfslidmaatschap kost 350 euro. U ondersteunt daarmee het NAi en krijgt daarvoor het Architectuurbulletin thuisgestuurd. Ook krijgt u, onder meer, gratis toegang tot tentoonstellingen in het instituut. Meer informatie over de vereniging treft u op: www.nai.nl/vrienden.

Neem een abonnement

Voor een abonnement op het Architectuurbulletin en het lidmaatschap van de Vereniging kunt u een e-mail sturen aan:

architectuurbulletin@nai.nl

of schrijven naar:

Nederlands Architectuurinstituut
T.a.v. Architectuurbulletin
Postbus 237
3000 AE Rotterdam

Colofon / Colophon

Het Architectuurbulletin is een uitgave van
het Nederlands Architectuurinstituut.
/ The Architecture Bulletin is a publication
of the Netherlands Architecture Institute.

Redactie / Editorial Team:
Hetty Berens, Marieke van Giersbergen,
Patrick van Mil, Katherine Rosmalen,
Linda Vlassenrood, Martine Zoeteman

Vertaling / Translations:
Language Unlimited BV

Tekstredactie / Copy Editing:
Gerda ten Cate, Suzy Leemans

Grafisch ontwerp / Graphic Design:
Isolde Venrooy, Vera Bekema

Druk / Print:
Veenman Drukkers

© 2008
**fotografen / auteurs en het Nederlands
Architectuurinstituut**
photographers / authors and the Netherlands
Architecture Institute

Nederlands Architectuurinstituut
/ Netherlands Architecture Institute

Museumpark 25
3015 CB Rotterdam
www.nai.nl

Het Architectuurbulletin is mede mogelijk
gemaakt door een bijdrage van:
/ Publication of the Architecture Bulletin is
supported by contributions from:
  Bouwfonds MAB Ontwikkeling regio
  Zuid-West
  HD Projectrealisatie BV
  Dura Vermeer Groep NV

Het symposium Architectuur 2.0, De toe-
komst van architectuur is mede mogelijk
gemaakt door een bijdrage van:
/ The symposium Architecture 2.0,
The destiny of architecture is supported by
contributions from:
  Arcadis
  GTI Suez
  Dura Vermeer
  SV
  Multi Vastgoed
  De Groene Groep
  CEAC Design Consortium B.V.
  Inbo Rotterdam
  Port of Rotterdam
  Slavenburg
  Tomaat
  Academie van Bouwkunde, Rotterdam
  Archiprix
  BNA
  De Doelen
  Drukkerij van Tilburg B.V.
  Snijpunt
  Rotterdam, City Of Architecture 2007
  Vrienden van het NAi